LE DEVOIR DE *FUIR*

ERDMANN Ulrick

LE DEVOIR DE *FUIR*

En application de l'art. L.137-2.-I. du code de la propriété intellectuelle, toute reproduction et/ou divulgation de parties de l'œuvre dépassant le volume prévu par la loi est expressément interdite.

© Ulrick ERDMANN, 2025

Édition : BoD · Books on Demand, 31 avenue Saint-Rémy, 57600 Forbach, bod@bod.fr
Impression : Libri Plureos GmbH, Friedensallee 273, 22763 Hamburg (Allemagne)

ISBN : 978-2-3225-1595-0
Dépôt légal : Janvier 2025

Table des matières

Préface 11

1. L'Appel aux armes 17
2. Première évasion d'Allemagne 31
3. Seconde évasion de Tchécoslovaquie 47
4. Déportation disciplinaire 69
5. Les horreurs de la guerre 81
6. L'arrivée des russes sur l'Oder 101

Recherches et correspondances 121
Postface 175

"Ceci est l'histoire de ce qui fut la conséquence de ma déportation au camp représailles de Rawa-Ruska ainsi qu'aux camps disciplinaires de Tarnopol (Ukraine), de la citadelle de Lvow, et de Biala-Podlaska.

Roger DORIZE, fait à Boissy-Saint-Léger, en 1979 "

PREFACE

Je suis le descendant de deux familles qui se rejoignent grâce à mes parents, aujourd'hui disparus. Elles comptent parmi leur rang deux héros de guerre. Mais il y en a un en particulier, dont j'aimerai vous faire connaitre l'histoire et dont nous allons suivre les périples et les mésaventures pendant la seconde guerre mondiale.

Le premier se situe du côté de mon père : Mon arrière-grand-père Garnier Victor, soldat téléphoniste français au 160ème régiment d'infanterie à la C.H.R., numéro de matricule 8395. Cité en campagne le 14 Novembre 1918, pour *"avoir fait preuve, le 25 Octobre 1918, d'un dévouement et d'un courage dignes d'éloge en réparant une ligne téléphonique sous un violent bombardement"*. Décoré de la médaille militaire de la Légion d'Honneur en tant que Brigadier, le 10 Mai 1939.

Et même si le curriculum vitae semble impressionnant, c'est sur le sort du second soldat que nous allons dédier ce livre.

A mon sens, si j'écris et dédie ce livre, c'est d'abord pour honorer la mémoire de ces combattants, travailleurs et civils qui ont dû faire face aux horreurs de la seconde guerre mondiale ; mais surtout, à mon grand-père maternel que j'ai connu et côtoyé régulièrement. Un grand-père fort et aimant, dont on m'avait vanté les "péripéties" étant petit garçon. Vous suivrez avec moi l'histoire de Roger DORIZE, ancien combattant et déporté de guerre. Cet oublié de l'histoire qui est devenu l'égal de ses amis et de son époque : un disparu des radars de l'histoire, abandonné avec le temps. Pourtant, il était ce grand-père de fiction, héroïque et valeureux, droit et dur, mais aussi aimant et blagueur, avec sa famille et ses amis, ses petits-enfants et même de ses arrières petits-enfants.

Je me nomme Ulrick, l'un de ses nombreux petits-fils, celui de l'une de ses filles : Evelyne. Un jour, j'ai rencontré une auteure de bande-dessinée en dédicace à un salon et qui s'est exclamée : - *"Ulrick, c'est beau, on dirait le nom d'un héros !"* Non, hélas, je ne suis pas grand-chose face à ce genre de monolithe familiale que représentait Roger DORIZE. C'est d'ailleurs en relatant ces récits et ces correspondances avec ces camarades de camps, que je suis tombé sur une information qu'il aurait mieux valu me cacher. Une correspondance avec le Père Jean-Marie CORBE que je vous livre vers la fin.

Et si je me nomme ainsi, c'est que cela en dit long sur la volonté de mon grand-père à ne pas oublier son histoire, à faire vivre sa mémoire, quitte à se tromper de nom pour l'un de ses nombreux petits enfants... Aussi, c'est en relisant les correspondances entre mon grand-père et ses camarades que je compris d'où leur est venu l'idée de me nommer ainsi. (Ne recevant l'information que récemment, j'ai l'image de mon grand-père se frappant la tête, tel un Jacques VILLERET dans "Le diner de con" et qui s'écrierait : *oh la boulette !)*... Ainsi, mon nom est dû à une erreur de souvenir, d'accord, mais ai-je le nom d'un nazi ?... Je ne veux pas le savoir, passons.

Je resterais humble et, ce que je fais en écrivant ce livre, sera simplement de rapporter des faits tels qu'il les a écrites dans ses mémoires que j'ai enfin pu retrouver, que je chéries et que je transmettrait au reste de ma famille. Ce livre n'a pas pour but de révéler quoique ce soit sur ma famille. Cette famille dont je suis l'un des nombreux héritiers ; cette famille qui a cessé de se rappeler de la bravoure de son grand-patriarche et dont je fais désormais uniquement le rappel historique de ses origines militaires dans ce livre.

Ce "décoré" de la seconde guerre mondiale est un déporté et évadé de guerre à deux reprises, survivant du camp de la mort "Rawa-Ruska" en Ukraine, le camp de la goutte d'eau et de la mort lente ; surnommé comme cela par Winston Churchill lui-même. Témoin de la cruauté des nazis dans les Stalags allemands, du travail forcé dans les camps et de l'arrivée explosive des russes en Allemagne. C'est en lisant ses mémoires que je me suis rendu compte de ce qu'il avait vécu, mais aussi, de ce que les français et tous les déportés d'Europe ont dû vivre à ce moment-là de l'histoire. La peur et l'incertitude de revoir leur famille, vivre dans la famine, le froid, la maladie et la mort.

Il y a une quinzaine d'années, j'avais décidé faire mes propres recherches et de récolter tous les documents possiblement trouvables sur internet, au sein de la famille encore proche et les institutions. Hélas, sans grand succès, car au cours de leurs nombreuses successions, la famille se divisa au fil des années et ses mémoires s'éparpillèrent. Je dû me résoudre à l'éventualité de ne garder de cet homme que ce que je me rappelais de lui étant petit : Un chef d'entreprise maitre artisan doreur, responsable de famille, joueur de course équestre bedonnant, chasseur hors-pair et dont des médailles et des trophées de chasse accrochés au mur rappelait un passé glorieux et tumultueux mais désormais terminé.

Et puis, ce n'est que trente ans plus tard, après sa mort, j'eu vent de documents anciens qui perdureraient dans la famille. Des documents concernant ce héros de guerre entrepreneur mais dont je ne trouvai aucunes traces et dont les différentes strates de cette mafia voulaient également, et légitimement, se procurer et conserver pour elle-même. Je gardai contacte avec une bonne partie de la famille de ma mère et, les interrogea, çà et là, sur l'éventualité de posséder des documents administratifs ou militaires, les médailles disparues ou des rapports le concernant. Mais rien ; personnes n'avait quoique ce soit. Était-ce par jalousie ou par peur de les voir disparaitre ? Alors, je laissai cette histoire en suspend...

Je dû me résoudre à en faire un deuil à la disparition de ces documents et c'est en voyant ce que sa mémoire était devenu après sa mort que je me fis une promesse : Qu'un jour prochain, je fasse ce devoir de mémoire, en honorant mon aïeul pour que ma famille se rappelle de lui par ce livre et le redécouvre par ses propres récits. Et puis, récemment, ma tante qui faisait de la généalogie me fit part d'informations qu'elles avaient collectées depuis des années sur la famille de ma mère. C'est donc, grâce à elle et à ses recherches que je pu récupérer une majeure partie des documents récoltés au fil de ses déplacements dans la France entière, durant les réunions d'anciens combattants, dans les mairies et d'autres offices administratifs.

Quand je relis les notes et que je regarde tout ce qu'il a laissé, je suis conscient que ma tâche se devra être minutieuse et précise, même si cela est un exercice auquel je n'ai jamais eu à faire. Beaucoup ont réussi à transmettre les mémoires de leur famille, alors pourquoi pas moi.

- Chaque chapitre de ce livre rapportera le récit mouvementé de mon grand-père qu'il a lui-même écrit en 1979, de ce qu'a été sa vie durant la seconde guerre mondiale, ses pensées de déporté et des risques que lui et ses codétenus ont pris ; Les attestations et preuves de témoignages de ses compagnons d'infortunes y sont présentés selon les dates.

- Pour comprendre et mieux suivre son étonnant parcours, j'y ai ajouté une partie explicative "Précisions sur le récit" : des lieux, des régions et des bâtiments rencontrés. La partie du "rappel historique" ne sert qu'à mettre en parallèle ce qu'il se passait durant la guerre et ne se devaient de rester que mineur. Mon but premier étant de se concentrer sur le récit et les documents affiliés de l'époque ; c'est pourquoi, ils ne viennent içi que pour compléter le récit, ponctuellement.

- A la fin, les annotations et les correspondances présenteront une vie de courrier entre vétérans ainsi que certaines réflexions que ces derniers se faisaient sur ce qu'ils ont vécus durant la guerre et comment ils le vivent aujourd'hui (enfin, en 1980).

La Postface me permettra de mettre en exergue les effets néfastes de la sur-commercialisation des commémorations et des célébrations historiques. Célébrations ou recueillements qui demeurent être des moments symboliques de l'histoire et dont on doit faire l'apprentissage, le deuil et la passation. C'est pour cela que j'ai écrit ce manifeste, espérant réaliser tout cela et faire découvrir la dangereuse épopée d'avoir été un fuyard, en pays ennemi durant la seconde guerre mondiale.

Ulrick ERDMANN

Fait à Serris, en Novembre 2024

CHAPITRE 1

L'appel aux armes

- Moselle, 1938 -

1.1 Récits et précisions

> *"**01-09-1938** : Incorporé au 162ème R.I.F., transformé à la déclaration de guerre en 164ème R.I.F., à Weckring (Moselle), Secteur Fortifié de Boulay, Ligne Maginot."*

Le **164ème R.I.F**, reformé le 24 août 1939 sous le nom de 164e Régiment d'Infanterie de Forteresse, mis sur pied par le CMI 67/66 de Metz à partir du 3e bataillon du 162e RIF.

Il est composé de trois bataillons de mitrailleurs le Ier, le IIe et le IIIe (ce dernier avec 2 compagnies seulement) et des compagnies d'ouvrages et de casemates affecté au secteur fortifié de Boulay.

Début 1940, à la suite de la dissolution de la région fortifiée de Metz, le 164e RIF est affecté au secteur fortifié de Thionville et occupe les quartiers d'Ising, Helling et Klang.

> *"Quant à moi, j'étais à l'époque affecté au petit ouvrage du coucou, équipage A20. Le petit ouvrage ce trouvait entre Hackenberg et l'ouvrage du mont des welches, secteur fortifié de Boulay. Nous étions dans ce petit ouvrage environ 125 hommes."*

> *"J'étais polyvalent au coucou, agent de liaison lorsque cela était nécessaire, souvent la nuit, ce qui n'était pas de tout repos, car il y avait eu des infiltrations d'allemands. J'allais souvent au Mont des Welches ou il y avait le commandant Bruyère, qui me fit avoir une marraine de guerre, madame la comtesse COUBERT de Cléry Gérard. J'étais aussi armurier, ayant fait un stage à l'arsenal II de Metz, puis tireur dans une cloche et au P.C. de garde."*

L'ouvrage du Coucou, appelé aussi **Mont-du-Coucou**, est un ouvrage fortifié de la ligne Maginot, construit à partir de 1930, situé sur la commune de Kemplich, dans le département de la Moselle. C'est un petit ouvrage d'infanterie, comptant deux blocs.

Faisant partie du sous-secteur de Hombourg-Budange dans le secteur fortifié de Boulay, l'ouvrage du Coucou, portant l'indicatif A 20, est intégré à la « ligne principale de résistance » entre la casemate CORF d'intervalle de Veckring Sud (C 56) et le blockhaus RFM de Langlangt (Bb 39), à portée de tir des canons des gros ouvrages d'une part du Hackenberg (A 19) plus au nord-ouest et d'autre part du Mont-des-Welches (A 21) et du Michelsberg (A 22) plus au sud-est.

Il a un équipage théorique de 116 hommes et 3 officiers. Le projet de second cycle envisageait la construction d'un observatoire accessible depuis la caserne. En outre, un abri de surface du même nom est relié par galerie à l'ouvrage :
- Le bloc 1 est une casemate d'infanterie double, flanquant vers le nord et vers le sud. Elle est armée avec deux créneaux mixtes pour JM/AC 37 (jumelage de mitrailleuses et canon antichar de 37 mm), deux autres créneaux pour JM, une tourelle de mitrailleuses et deux cloches GFM (guetteur fusil-mitrailleur).
- Le bloc 2 sert d'entrée, il est armé avec un créneau JM/AC 37 et une cloche GFM.

*"Une nuit, après le **25 Juin 1940**, je reçu un appel téléphonique, je partie prévenir le capitaine ROQUES, notre commandant d'équipage. C'était l'ordre de cesser le feu venant des autorités supérieures françaises et du Maréchal Pétain, qui nous demandaient de cesser le combat, sinon le haut commandement Allemand menaçait d'envahir le restant de la France et de faire des représailles !"*

La "drôle de guerre" : Après sa première campagne victorieuse, Hitler se tourne vers l'Ouest, mais il doit reporter plusieurs fois son offensive, et le front reste calme pendant plusieurs mois. Retranchés derrière la ligne Maginot, les Alliés attendent l'assaut des forces allemandes, elles-mêmes retranchées derrière le *Westwall* ou "ligne Siegfried". C'est un conflit sans combats majeurs, seulement quelques escarmouches entre patrouilles de reconnaissance.

"Il parait que Hitler avait dit de nous, que nous étions des "bouchers !" car nous avions fait beaucoup de morts dans leurs troupes. Mais que si nous nous rendions, nous serions considérés comme des "prisonniers d'honneur !". Ce que nous fîmes à notre grand regret.

Ici, c'était la consternation, nous voulions "manger du nazis" ; Moi, j'étais dans les corps francs et je vous assure que nous ne leur faisions pas de cadeau. Nous avions combattu jusqu'après l'armistice, nous tirions nuit et jour."

01-07-1940 : *Nommé au grade de Caporal.*

*"Fait prisonnier le **4 juillet 1940**, sur place, à la sortie de l'ouvrage. Nous devions aller en Allemagne pour un simple contrôle et être relâché ensuite !"*

Note : Photo de droite : Mon grand-père, le soldat DORIZE Roger Philippe, en bas à droite de la photo noté d'une croix, avec une partie de ses camarades d'infortunes.

Ouvrage de Coucou en Moselle, 1938.

PARIS, le 25 FEV 1958 PN°446-8/57 I° Region Militaire

Le Commandant du Bureau　　Bureau de Recrutement
de Recrutement de Paris　　　De Paris
　　　　　　　　　　　　　　Caserne de Reuilly
　　　　　à　　　　　　　　　PARIS XII°

DORIZE Roger
50, rue de Sully
Boissy St-Léger S. et O.

　　　　　　　　　　　　　N°　　/P/R5/38
　　　　　　　　　　　　　38 : 753 : 0127
　　　　　　　　　　　　　Réf. à rappeler

OBJET : Régularisation de Votre Situation
militaire en ce qui concerne Votre
nomination au Grade de Caporal.

J'ai l'honneur de Vous faire connaître
que, des enquêtes effectuées par mes soins,
il ressort que Vous avez été nommé au
Grade de Caporal le 1er Juillet 1940.
　　Votre situation militaire en ce qui
concerne cette nomination a été régularisée
par mes soins par Décision n° 845/P/R5/38
en date du 14 février 1958.
　　Par suite, un état signalétique et des
services Vous concernant est également
adressé ce jour à M. Le Ministre des Anciens
Combattants et Victimes de la guerre.

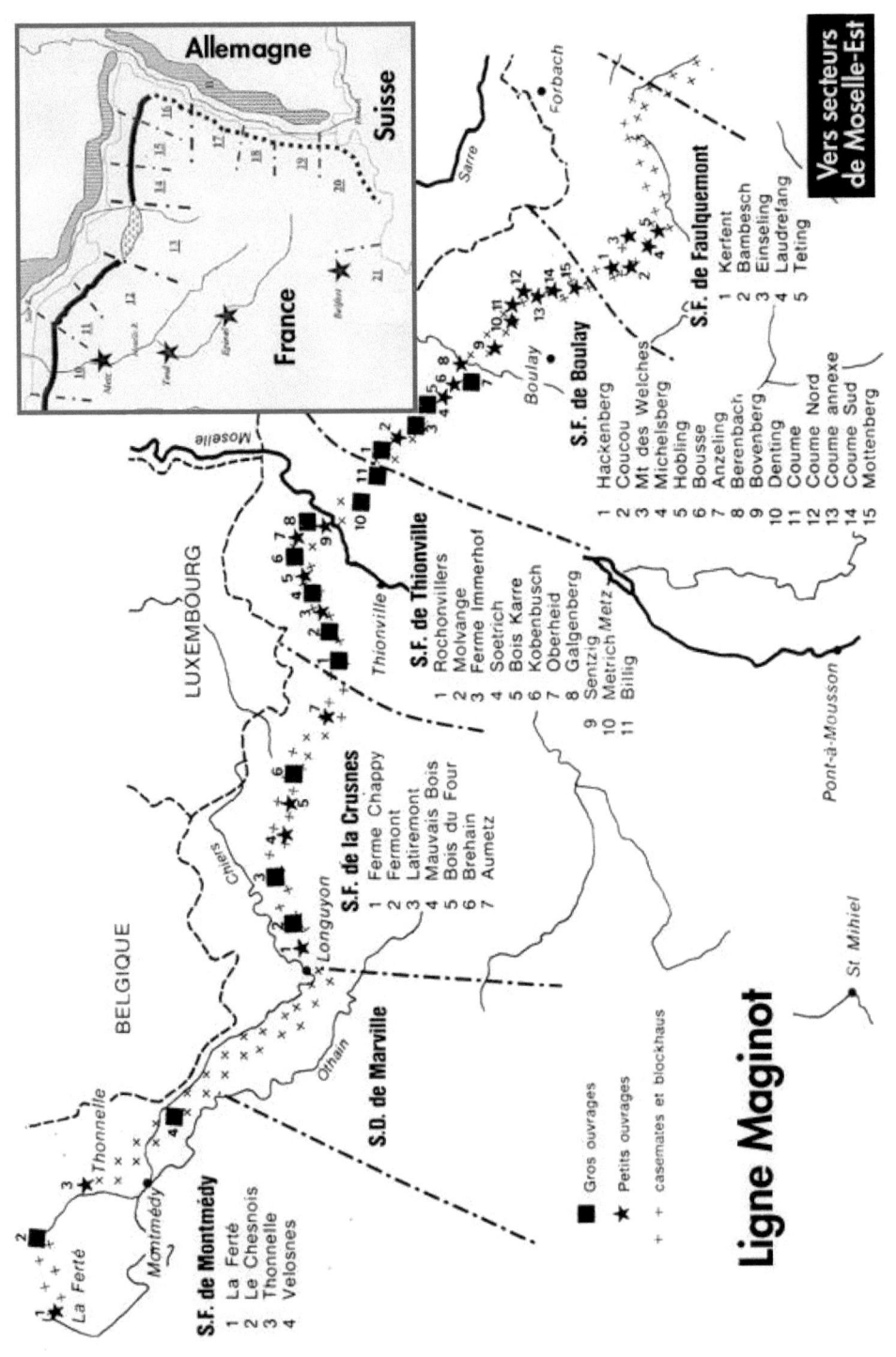

n°10450 - Stalag VII A, matricule 29942 - Évadé 6 fois d'Allemagne.

- <u>Autres titres :</u> P.D.G. de société J. MAHAY, fabrique d'instruments de chirurgie.

"*Je soussigné Jean MAHAY, demeurant 153 route de Lésigny à Sucy-en-Brie 94370, ex P.D.G., matricule 29942 Stalag VII A, certifie sur l'honneur avoir assisté à l'évasion de mon camarade Roger DORIZE, qui était militaire avec moi au Hackenberg, au camp de Weckring - Ligne Maginot.*

Je connaissais bien Roger DORIZE ayant été militaire avec lui aux mêmes ouvrages de Ligne MAGINOT, et nous fûmes emmenés ensemble en captivité.

Mon camarade m'avait fait part qu'il désirait, en cas de réussite d'évasion, reprendre le combat dans les Forces Françaises Libres. Cette dernière évasion a eu lieu bien fin mars/avril 1942 - camp de Brüx (Tchécoslovaquie). Ce Kommando était gardé militairement.

Je pus affirmer que M. DORIZE Roger fut emmené dans un convoi pour Rawa-Ruska où par chance pour moi, je réussis à m'évader par les égouts, étant moi-même destiné à ce convoi ou à un similaire. Nous fîmes d'ailleurs un groupe assez important à nous enfuir par cet égout - Ceci fin mars 1942 (mon arrivée en France le 30 Avril 1942).

Ainsi que je l'ai indiqué, M. DORIZE Roger étant prisonnier avec moi ; ayant réussi ma 6ème évasion, je ne l'ai retrouvé qu'après la libération.

J'ai retrouvé Roger DORIZE après la guerre, tout à fait par hasard et il m'a fait part de ses malheurs. Je ne suis pas surpris qu'il soit revenu malade, connaissant plusieurs camarades ayant été à Rawa-Ruska et les sévices qu'ils y ont subis.

Je précise que je connaissais Roger DORIZE avant la guerre, et qu'il était en parfaite santé et un sportif (boxeur) accompli.

En foi de quoi, je lui délivre le présent certificat.

M.COMMURAS Sylvain qui fût mon compagnon d'évasion, plusieurs fois évadé lui-même, et qui connu lui aussi Roger DORIZE.

Fait à Sucy, le 20 juin 1978

1.2 Rappels historiques

3 septembre 1939 : Suite à l'invasion de la Pologne par l'Allemagne, la France et le Royaume-Uni déclarent la guerre à l'Allemagne en vertu d'un traité de février 1921 les liant à la Pologne.
17 septembre 1939 : En application des clauses secrètes du Pacte germano-soviétique, l'Union soviétique envahit à son tour la Pologne par l'est. Prise en étau et largement inférieure en nombre et équipement, l'armée polonaise est écrasée avant la fin septembre.

5 juin 1940 : Après la "blitzkrieg" et leur percée à travers les forces belges et hollandaises, les forces allemandes reprennent l'offensive en France et percent les lignes de défense sur la Somme et l'Aisne. L'Italie se joint alors à l'Allemagne et déclare la guerre à la France le 10 juin 1940.

Début Juin 1940 : En application au Pacte germano-soviétique, l'URSS occupe en les trois pays baltes, puis les annexes.
10 juin 1940 : Mussolini entre en guerre aux côtés de l'Allemagne contre le Royaume-Uni et la France, les forces italiennes stationnées en Afrique deviennent une menace contre

les voies d'approvisionnement des Britanniques le long de la mer Rouge et à travers le canal de Suez.

17 Juin 1940 : Le nouveau gouvernement de Pétain demande l'armistice. Dès le lendemain, depuis Londres, le sous-secrétaire d'État à la Défense et à la Guerre, le général de Gaulle lance **son appel du 18 juin** sur les ondes de la BBC, reprochant à Pétain le principe même de l'armistice et invitant les Français à résister à l'ennemi, mais il n'est que peu entendu dans la Métropole :

« Croyez-moi, moi qui vous parle en connaissance de cause et vous dis que rien n'est perdu pour la France. Les mêmes moyens qui nous ont vaincus peuvent faire venir un jour la victoire. Car la France n'est pas seule ! Elle n'est pas seule ! Elle n'est pas seule ! Elle a un vaste Empire derrière elle. Elle peut faire bloc avec l'Empire britannique qui tient la mer et continue la lutte. Elle peut, comme l'Angleterre, utiliser sans limite l'immense industrie des États-Unis. »

21 Juin 1940 : Les négociations s'engagent et une rencontre formelle est organisée dans la forêt de Compiègne, à l'endroit imposé par Hitler. L'endroit rappelle l'armistice signée à la fin de la première guerre mondiale. C'est la revanche tant attendue du Reichsführer. Les dirigeant allemands en accepte les conditions le 22 juin 1940. Après l'armistice franco-italien qui suit, les combats cessent le **25 juin 1940**. Les Allemands poursuivent leur avancée militaire jusqu'au 24 juin 1940 à minuit, ce qui fait que les deux tiers de la France sont envahis, ainsi que les îles Anglo-normandes britanniques.

Malgré la signature des armistices, les soldats de la ligne Maginot poursuivirent la lutte, estimant n'avoir pas été vaincus, et pour certains jusqu'après le 25 juin 1940. L'armée des Alpes n'a de son côté pas failli, en repoussant assez facilement tous les assauts de l'Armée italienne jusqu'aux derniers jours de combat.

Entre le 20 et le 25 Juin, Les ouvrages du Michelsberg et du Mont-des-Welches sont bombardés et attaqués à plusieurs reprises par les allemands. L'ensemble des forces de défense affectées à la ligne Maginot restent invaincues. Même après la signature de l'armistice, des unités françaises continuent à se battre, dans les gros ouvrages de la ligne Maginot qui refusent de se rendre.

Il faut de nombreuses injonctions du nouveau gouvernement, menacé par les Allemands de représailles, dont l'annulation de l'armistice, pour qu'ils déposent les armes après le 10 juillet seulement.

16 juillet 1940 : Philippe Pétain forme le premier gouvernement du régime de Vichy et maintient Pierre Laval comme vice-président du Conseil.

La plus grande partie de la France est occupée par les troupes allemandes, le pays est divisé en une zone occupée et administrée militairement par l'Allemagne (Nord, Ouest et Sud-ouest), et en une zone libre (Centre et Sud).

Le gouvernement de Vichy du Maréchal Pétain administre l'ensemble du territoire français.

CHAPITRE 2

1ère évasion d'Allemagne

- Stalag VIIA, 1940 -

2.1 Récits et précisions

> *"**11-07-1940** : Affecté au Stalag VII A, à Moosburg (Bavière) Matricule 31373.*
>
> *Sorti du camp de Moosburg, Stalag VII A avec une corvée pour travailler chez un paysan (dans l'intention de m'évader), c'était le **10 Novembre 1940**.*
>
> *J'avais au paravent fait un stage à l'hôpital Lazarett de Freising au mois d'Aout. Je possède les papiers que j'ai demandé à cet hôpital."*

Dans l'Allemagne de 1939-1945, **Stalag**, abréviation de Stammlager, était un terme désignant un type de camp pour prisonniers de guerre. *Stammlager* est l'abréviation de *Mannschaftsstammund Straflager*, « camp ordinaire de prisonniers militaires ». Ce type de camp était destiné aux soldats et sous-officiers, les officiers étant détenus dans des Oflags.

> *"Après un temps assez court, nous arrivons dans un petit patelin par le train."*

Krankenbuchlager Berlin

Krankenbuchlager Berlin, General-Pape-Straße 64, 1000 Berlin 42

Herrn
Roger Ph. Dorize
60, rue de Sucy

F 94470 Boissy Saint Leger

Geschäftszeichen:
KBL 41 - 28 06 18 -D-
Telefon: (030) 7864051
App.: 45
intern: (985) 8

Berlin, den 21.2.1979

Betr.: Herrn Roger D O R I Z E, geb.: 28.6.1918

Vorg.: Ihr Schreiben vom 27.12.1978

Sehr geehrter Herr Dorize!

Hier konnte lediglich folgende Eintragung im Register des Res.Laz. Freising ermittelt werden:

D O R I Z E, Roger, Kgf.Nr. 31 373, Zugang am 21.8.1940.

WeiteresAngaben fehlen.

Wir weisen darauf hin, daß der größte Teil der Unterlagen der ehemaligen Wehrmacht durch Kriegsfolgen vernichtet wurde, empfeh= len Ihnen jedoch, sich auch an die

        Deutsche Dienststelle (WASt)
        Postfach
        1000 Berlin 52

zu wenden.

Hochachtungsvoll
Im Auftrag

Künkele

> *"J'ai été affecté à une auberge. Je m'occupais des bêtes et cassais des buches. Je déjeunais dans la salle du restaurant à une table à part.*
>
> *Bref, le lendemain du premier jour, profitant que la sentinelle était occupée ailleurs, je laisse ma veste qui avait un grand K.G. dans le dos et suis partie un après midi, tout de suite après déjeuner.*
>
> *Je partie me cacher dans un bois à environ 3Km de mon point de départ et j'attendis la nuit. Pas de problèmes."*

Le **Stalag VII-A** était le plus grand de camp allemand de prisonniers de guerre pendant la Seconde Guerre Mondiale. Il était situé juste au nord de la ville de Moosburg (Bavière) et couvrait une superficie de 35 hectares (86 acres). Ce camp a ouvert en Septembre 1939, conçu pour accueillir jusqu'à 10 000 polonais prisonniers issus de l'offensive allemande de septembre 1939. Dans les années qui ont suivit, des prisonniers d'autres nationalités viendront rejoindre les polonais : britanniques, français, belges et néerlandais (bataille de France, mai 1940), grecques et yougoslaves (campagne des Balkans en Mai et Juin 1941). La Stalag VII-A a aussi servi comme un camp de transit pour les prisonniers, y compris les officiers, sur le chemin vers d'autres camps.

> *"Je marche la nuit et ne rencontre personne. Avant l'aube, je m'arrête dans un bois qui était dans un champ, je casse la croute et le soir je reprends la route, il était 17 ou 18 heures lorsque tout à coup, un camion arrive. Il a ses phares camouflés. Je n'ai pas le temps de me cacher. Il arrive, se stoppe et un soldat en sort. Il vient vers moi, c'est un S.A. en tenu kaki. Il me demande où je vais ?*

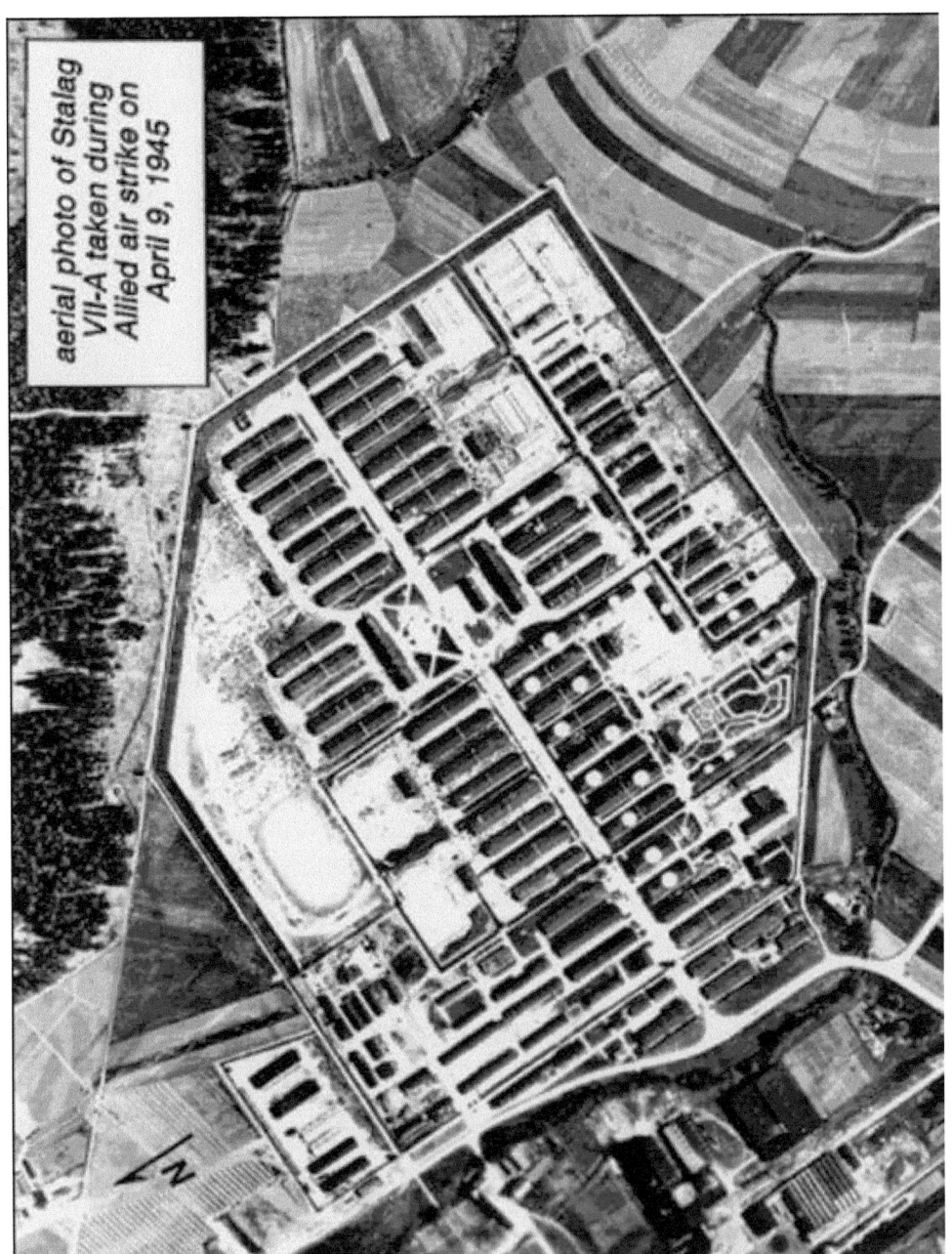

aerial photo of Stalag VII-A taken during Allied air strike on April 9, 1945

> *"Je lui dit, ou plutôt, je lui fais comprendre que je me suis égaré. Je fais l'idiot. Il appelle son copain qui était au volant. Je suis en kaki, avec un pull kaki et un béret de la ligne Maginot. Peut-être que cela m'a sauvé la vie d'être en soldat et non en civil. Ils me demandent si je suis français ? je fais signe que oui, ils rigolent et je comprends qu'il me dit en allemand, avec quelques mots français : "toi retour "Franckreich?", Je réponds "Ja".*

La **Sturmabteilung** ou **S.A.**, est une organisation paramilitaire du Parti national-socialiste des travailleurs allemands (le NSDAP ou « parti nazi »), organisation dont est ensuite issue la S.S. À partir de 1934, et après l'élimination de ses principaux dirigeants durant la nuit des Longs Couteaux, la SA ne joue plus aucun rôle politique.

> *"Je lui fait comprendre que ma mère est malade, tous les prisonniers de guerre connaissaient le mot (kranke, malade), j'ai donc réussi à me faire comprendre, ainsi quand je leur dis : "father tod", (note : Vater toter = père mort) ces mots, le plus bête d'entre nous les connaissaient.*
>
> *Mon père était mort en 1934 à 43 ans, des suites de la première guerre avec de graves complications pulmonaires et cardiaques, mais comme beaucoup, il n'avait pas fait valoir ses droits.*
>
> *Enfin, ils me font monter dans le camion et il se raconte des plaisanteries car ils n'arrêtent pas de rire et me foutent des bourrades, mais pas méchamment. A l'époque, en Allemagne, c'était l'euphorie générale, tous croyaient à la victoire rapide, c'est pourquoi, certains n'étaient pas agressifs."*

"*Nous sommes dans la banlieue de Augsbürg sud-ouest, je pense. Au bout de quelques minutes, nous arrivons dans un bâtiment genre caserne et ils m'ont enfermé dans une pièce, m'ont apporté à manger, un demi pain de l'armée, une gamelle avec un genre de caviar dedans qui était verdâtre et une bière.*

Le lendemain, deux sentinelles du STALAG VII A arrivent, me passent les menottes et un tient une chaine qui me relie à lui. Ils me bousculent un peu et nous prenons le train, un compartiment seul. Retour au camps, baraque des punis, entourés de barbelés, la numéro 40 je crois. Je ne reste pas longtemps.

Un jour, ils demandent par haut-parleurs les gars d'origine Bretonne, un coup de chance. Je suis né à Nantes alors je demande à me faire inscrire. Les Schleus me demandent ou je suis né, je dis à Nantes, 1 rue Buffon, ce qui est vrai. Je suis accepté mais après mon histoire d'évasion, je craignais qu'ils ne me refusent.

Départ dans un convoi de Bretons, il parait que nous rentrons en France. Nous guettons le soleil pour faire le point, pour voir si nous partons vers l'Ouest. Malheureusement, nous nous arrêtons en Westphalie à Bochum et Herne. Nous sommes formés en ArbeitsKommando au Bataillon 27."

Bochum est une ville d'Allemagne qui se situe dans le land de Rhénanie-du-nord de la Westphalie et n'a pas été épargné par la guerre.

Dans le cadre du travail forcé nazi, plus de 30 000 personnes ont été utilisées comme travailleurs forcés à Bochum et à Wattenscheid pendant la Seconde Guerre mondiale. Au cours de la Seconde Guerre mondiale, la ville a été détruite à 38 % par les bombardements alliés. Le 10 avril 1945, les Américains envahissent Bochum.

Après la fin de la seconde guerre mondiale, Bochum appartenait à la zone d'occupation britannique.

*"En **début 1941** : Après un séjour en baraque disciplinaire pour faits d'évasions, repris à Augsburg, je quitte le stalag VIIA ou je suis immatriculé 31373, pour la Westphalie à Bochum et Herne, avec "ein arbeitskommando" de breton, le bataillon n°27 en compagnie de l'adjudant-chef d'artillerie du Hackenberg (ligne Maginot) Grégoire, pour construire des abris.*

Adieu l'espoir de rentrer en France, moi qui comptais m'évader pendant la traversée de la France pour rejoindre la zone libre !

Donc, en Westphalie, nous sommes employés à couler des bunkers (abris) pour la population civile. Un jour, je me casse les métatarses du pied droit, lors de l'écroulement d'un bunker, il y avait eu des morts et je fus blessé au pied, par un rail tombant du haut du bâtiment : 2 mois et demi d'arrêt. Métatarse du pied droit cassé.

*Dans la deuxième quinzaine de **Juillet 1941**, je suis envoyé en prison à Herne, pour refus de travail et d'obéissance, plus détention d'habits civil, en vue d'évasion. C"était une lorraine qui vivait avec un allemand dans l'immeuble mitoyen du parc du théâtre où nous logions, qui me les avaient passés."*

"*2ème **quinzaine 07-1941** : Prison de Herne, pour refus de travaille (3 semaines), réclusion.*

Enfin, nous apprenons par Heinrich, interprète allemand, écrivain dans le civil, un brave type, que les convois précédents avaient fait des manifestations en arrivant en Bretagne ; Conduites par des officiers français, dans les ports et les villes. Bien sûr, ils avaient raisons mais ils auraient dû attendre que la majorité ne rentrent.

Enfin, ce sera pour une autre fois. Enfin, toujours est-il que cette histoire de breton à foirée, nous sommes restés en Allemagne, ce qui ne m'a pas empêché de refaire de la résistance interne à ma façon, étant donné que tous les allemands mobilisés pour nous surveiller, nous, les fortes têtes, ne pouvaient être en même temps sur le front de l'Ouest et de l'Est.

Ceci est la fin de ma première évasion de 1940 qui devait bien se terminer, si tout avait bien marché en suisse, car je savais que près du Lac de Constance, il y avait des passeurs. Et de suisse, je serai partie retrouver les forces françaises libres."

Liste officielle ... des prisonniers de guerre français : d'après les renseigne...
Centre national d'information sur les prisonniers de guerre. Auteur du texte

14 avril 1941

PARUTION PAR DATE

	1940	1941				
Jan.	Fev.	Mars	Avr.	Mai	Juin	
Juil.	Août	Sept.	Oct.	Nov.	Dec.	
		1	2	3	4	5	6
7	8	9	10	11	12	13
14	15	16	17	18	19	20
21	22	23	24	25	26	27
28	29	30				

Voir tous les numéros de l'année 1941

Domineau (René), 21-9-06, Vouillé, 2ᵉ cl., 141ᵉ R.A.L.H. St. VII A.
Donchery (André), 10-5-07, Charleville, 2ᵉ cl., 174ᵉ R.M.I.F. St. VII A.
Donchin (Léon), 23-11-16, Isbergues, 2ᵉ cl., 151ᵉ R.A. St. VII A.
Donnate (Eugène), 27-8-13, Farschviller, serg.-c., 164ᵉ R.I.F. St VII A.
Donner (Georges), 27-1-16, Danne-et-Quatre-Vents, 2ᵉ cl., 151ᵉ R.A.F. St. VII A.
Donnet (Marcel), 17-1-13, Kemplich, 1ʳᵉ cl., 164ᵉ R.I.F. St. VII A.
Donninger (Jean), 29-12-14, Buhl (Mos.), 2ᵉ cl., 291ᵉ R.I. St. VII A.
Donot (Pierre), 22-7-15, Cheminon, 2ᵉ cl., 161ᵉ R.I.F. St. VII A.
Donval (Hervé), 21-8-05, Irvillac, 1ʳᵉ cl., 2ᵉ R.I.C. St. VII A.
Dopre (André), 16-8-13, Beauval, 2ᵉ cl., 368ᵉ R.I. St. VII A.
Dorchies (Gaston), 19-12-13, Fretin, 1ʳᵉ cl., 160ᵉ R.I.F. St. VII A.
Doré (Paul), 5-0-09, Paris, cap., 146ᵉ R.I.F. St. VII A.
Doret (Raphaël), 26-1-09, Lhommaizé, 2ᵉ cl., 141ᵉ R.A.L.H. St. VII A.
Dorez (Yvon), 31-5-16, St-Omer, 2ᵉ cl., 151ᵉ R.A.F. St. VII A.
Dorge (Roger), 22-9-11, Guise, 1ʳᵉ cl., 151ᵉ R.A.F. St. VII A.
Dorgler (Gustave), 13-10-17, Kaysersberg, 2ᵉ cl., 42ᵉ R.I.F. St. VII A.
Dorier (Georges), 3-7-13, Chalon-s.-Saône, 2ᵉ cl., 120ᵉ R.A. St. VII A.
Dorize (Roger), 28-6-18, Nantes, 2ᵉ cl., 164ᵉ R.I.F. St. VII A.
Dorlencourt (Albert), 30-1-14, Spycker, 2ᵉ cl., 1ᵉʳ R.I. Sl. VII A.

Site internet de la BNF GALLICA : *"Liste officielle n°91 des prisonniers de guerre français"*,

paru le **14 Avril 1941**, page 19 : **DORIZE** (Roger), 28-6-18, Nantes, 2e cl., 164e R.I.F. St VII A.

Attestation de M.MAYER Georges :

- <u>Titres d'anciens combattant :</u> Carte de combattant n° 269386 - Stalag VII A, matricule 34475.

"Je soussigné avoir été témoin de l'évasion de DORIZE Roger le 10 novembre 1940 ; Il fut repris et amené au camp de Moosburg, Stalag VII A, ou il partit par la suite avec un Kommando de breton à Herne (Westphalie).

Je su par la suite qu'il était parti pour Rawa-Ruska, ceci par l'intermédiaire de camarades, revenant de kommando de Herne.

Je précise que ce camp était gardé militairement. Mon camarade, m'avait fait part, en cas de réussite, de son intention de rejoindre les Forces Françaises libres.

J'ai revu DORIZE Roger après la guerre qui m'a raconté ses péripéties depuis Rawa-Ruska, avec ses camarades. Et qu'il avait attrapé une pleurésie à Tarnopol et 2 blessures, 1 par un éclat de mortier et 1 coup de baïonnette.

En foi de quoi, je lui délivre le présent certificat, pour faire valoir ce que doit.

Fait à Paris, le 13 juin 1978.

Attestation de M. LABAS Roger, François Marie :

- <u>Titres d'anciens combattant</u> : Carte de combattant n°177776.

- <u>Autres titres</u> : Surveillant général des Hôpitaux de la Préfecture de Paris.

- <u>Distinctions honorifiques</u> : Félicitations du Ministre de la guerre M.Coste, Floret Paul - 1947.

"Prisonnier à Brie (Vosges) - interné à Strasbourg (caserne grand d'E....) - car messieurs les allemands avaient décidé de former des bataillons de Bretons pour continuer la guerre à leur côtés - Heureusement pour nous cela n'a pas marché - Pas d'accord pour ce genre d'amitié préconisé par certains français de l'époque.

Donc transféré au Stalag VII A à Moosburg - au mois de Septembre 1940, camp énorme comprenant des prisonniers, français, polonais, et de toutes autres nationalités. Pour nous retrouver, nous avions inscrit sur nos calots militaires la région que nous étions originaires, de France ou de la région parisienne, c'est comme cela, nous nous sommes retrouvés.

J'étais ..., infirmier à l'hôpital de ville (Préfecture de la Seine) à Neuilly-sur-Marne, donc le moyen que nous avions trouvé nous facilitait le rapprochement. En plus de cela, dans un camp aussi important, nous essayons de meubler le dimanche, seul jour de répit par les sentinelles accompagnés de chiens "berger allemands" très féroces qui nous poursuivaient, d'organiser dans nos baraques respectives, des combats amicaux de boxe ou de lutte. Voilà comment, j'ai connu au départ DORIZE, et ensuite il s'est évadé du Stalag VII A.

Le Bâtiment 27 a été formé et nous avons été en voyage organisé dans des wagons à bestiaux à Bochum, charmant voyage dans des conditions pénibles, sans presque rien à manger. Les fêtes de Noel ont été vraiment gaie pour nous car nous sommes restés 4 jours sans être alimentés. DORIZE, après son évasion de Stalag VI A, pas réussi, nous a rejoint à Bochum. Ensuite nous avons été transférés à Brüx (Tchécoslovaquie), encore un camp plus pénible (5000 prisonniers) français, anglais, yougoslaves, cypriotes...

Dans ce camp, les gens sortaient à l'usine qui comprenait 4000 prisonniers accompagnés par des gardiens allemands armés qui ne les quittaient pas d'une semelle. Départ et arrivés au camp du matin au soir.

J'étais dans ce camp de Brüx, comme profession infirmier diplômé "avant la guerre", les camarades m'ont désigné avec l'accord des allemands de m'occuper de leurs soins. Je crois que j'ai fait de mon mieux pour soulager mes camarades et en les aidant aussi à préparer leurs futures évasions en les faisant admettre à l'infirmerie de ce camp avec l'accord du médecin - Capitaine français Dr LHÉRANT - de Morlaix - Malheureusement, tout le monde ne réussissant pas.

DORIZE Roger s'est évadé de Brüx et il fallait être gonflé pour le faire au mois d'Avril 1942.

Je suis à votre disposition pour vous fournir des renseignements complémentaires au sujet des évasions qui ont eu lieu dans le camp de Brüx - moi-même j'en ai supporté les conséquences après une dénonciation !!! vérifiable - beaucoup ont payé.

Roger LABAS,

Président des Anciens Combattants de Molac 56230.

Fait à Molac, le 13 février 1980

2.2 Rappels historiques

13 Septembre 1940 : Les forces italiennes attaquent l'Égypte, pays alors sous influence britannique. Mais dès le mois de décembre, les Britanniques, appuyés par les forces du Commonwealth, passent à la contre-attaque, et les Allemands doivent envoyer l'Afrika Korps en renfort pour secourir leurs alliés italiens.
27 Septembre 1940 : L'Allemagne, l'Italie et le Japon signent le Pacte tripartite.

De Septembre 1940 à Mai 1941 : Le Royaume-Uni fait face au bombardement de ses villes : ce qui détruit notamment la City de Londres et la ville de Coventry. Cela ne parvient ni à entamer la résolution britannique ni à compenser les pertes de la Luftwaffe de Göring, vaincue par les pilotes de la Royal Air Force.
Hitler, désespérant de prendre le Royaume-Uni et de l'amener à faire la paix, érige une puissante chaîne de fortifications, surnommée « mur de l'Atlantique », sur les côtes de l'Atlantique et de la Manche, et décide d'attaquer l'URSS.
Mais l'Italie fasciste vient elle-même d'agresser la Grèce qu'elle croyait sans défense, à partir de l'Albanie. Or ce sont les forces grecques du dictateur nationaliste Metaxás qui sont victorieuses : après avoir contenu l'attaque des troupes de

Mussolini, l'armée grecque et un corps expéditionnaire britannique, australien, néo-zélandais, indien et sud-africain les repousse et envahit à son tour l'Albanie italienne.

Avril 1941 : Pour prêter main-forte aux Italiens, Hitler repousse de plusieurs semaines son opération contre l'URSS et envoie ses troupes vers la Grèce, à travers la Hongrie sympathisante et après avoir envahi au passage la Yougoslavie. Les nazis battent les armées yougoslave et grecque, ce qui leur permet d'occuper tout le sud de l'Europe. Mais, du même coup, ils viennent de créer un front supplémentaire en Yougoslavie, où les résistances monarchistes de Draža Mihailović (Tchetniks) et communiste de Tito (Partisans), allaient immobiliser les divisions allemandes jusqu'à la fin de la guerre.

L'invasion de l'URSS est différée, du 15 mai au 22 juin.

22 Juin 1941 : la Wehrmacht envahit l'URSS dans le cadre de l'opération Barbarossa. Elle mobilise 3,2 millions de soldats allemands, et 600 000 soldats des États alliés de Hongrie, de Roumanie, de Finlande, de Slovaquie et d'Italie. C'est à ce jour la plus grande offensive militaire de l'histoire.

Malgré une avance foudroyante et la capture ou le massacre de plusieurs millions de Soviétiques, la Wehrmacht est stoppée en décembre 1941, à une trentaine de kilomètres de Moscou dans un froid glacial et sans équipement adéquat. Les Allemands restent également bloqués devant Leningrad, délibérément soumise par Hitler à un siège de 900 jours (jusqu'au 27 janvier 1944), qui fait périr de faim 700 000 habitants.

7 Décembre 1941 : L'empire du Japon, allié de l'Allemagne depuis 1936, attaque les États-Unis et détruit par surprise l'essentiel de la flotte américaine du Pacifique à Pearl Harbor. L'Armée impériale japonaise envahit ensuite le Commonwealth des Philippines et les Indes orientales néerlandaises.

CHAPITRE 3

2nde évasion de Tchécoslovaquie

- Brüx, 1942 -

3.1 Récits et précisions

> *"Début 1942 : Envoyé au camp de Brüx (Tchécoslovaquie)"*

Brüx (Actuellement Most en République tchèque), accueillait une prison de déporté travailleurs ainsi qu'un chantier sur l'usine de "Brüx-Hydrierwerk". La majorité des déportés y travaillaient en tant que Kommando industriel dans des conditions extrêmement pénible (travail très dur sur de longues journées, logements précaires, air insalubre). La prison portait la référence **Stalag IV C** et se situait à Wistritz, dans les sudètes.

> *"Début **Mars 1942**, nous sommes transférés à Brüx (actuellement Most) en Tchécoslovaquie. Ce camp de prisonnier est près d'un grand chantier fermé et gardé militairement. Des civils européens y travaillent (réquisitionnés au STO)."*

Le **Service du travail obligatoire (STO)** fut, durant l'occupation de la France par l'Allemagne nazie, la réquisition et le transfert vers l'Allemagne de centaines de milliers de travailleurs français contre leur gré, afin de participer à l'effort de guerre allemand sans cesse grandissant (usines, agriculture, chemins de fer, etc.). Les personnes réquisitionnées dans le cadre du STO étaient hébergées, accueillies dans des camps de travailleurs localisés sur le sol allemand.

> *"Là, je fis la connaissance de deux civils français, nommé BARELLI et MONTSEIGNEUR de Lyon, qui acceptent de m'aider dans mon évasion, moyennant finance. Je me débrouille pour avoir des habits civils, un pull et un pantalon de golf. Le soir, j'en parle à mon camarade de camps, Paul DOMANGE, de la région d'Auxerre, il est réticent.*
>
> *La date est fixée au **17 Avril 1942**, au matin. En attendant, je me prépare, tout en allant au chantier."*
>
> *Le jour arrive, je suis habillé d'une combinaison de mécano avec un grand K.G. Blanc écrit dans le dos. Je vais me planquer dans un coin désert et ôte la combinaison de K.G, je suis maintenant en civil. Il faut que je sorte mais toutes les issues sont gardées militairement. Je risque le camp. Après tout, je n'ai rien à perdre, je suis jeune, je ne suis pas marié et j'en ai ras le bol de cette captivité !!"*

K.G., ou Kriegsgefangener est un terme allemand qui signifie "Prisonnier de guerre". Les lettres étaient peintes sur les combinaisons des prisonniers pour les différencier facilement des autres prisonniers. En France, ils sont nommés **P.G.** pour "Prisonnier de Guerre".

> *"Je m'approche de la sortie, j'ai dans ma poche le laisser passer d'un travailleur civil, prêté par les "passeurs".*

"J'ai rendez-vous au camp des civils, qui se trouve à environ 500 mètres du camp de travail.

J'arrive en vue de la guérite, je prends la tangente. Je m'écarte environ de 4 mètres. J'arrive devant la sentinelle et lui dit en allemand "Beau temps, hein !" tout en exhibant rapidement mon "ausweis" (laisser-passer). J'ai le trac, mais je suis très calme et très tendue, comme dans les moments critiques et cela, je m'en suis aperçue à plusieurs reprises. Il me répond "oui". Je lui offre une cigarette qu'il accepte et la range dans sa poche. J'en fait autant avec le laisser passer !

Ça marche. Je lui dis que je suis malade et que je rentre au camp civil, puis après un au revoir, je lui tourne le dos et part sur la route d'un pas normal. Bien sûr, j'ai envie de courir mais je me contiens, je n'ose pas me retourner pour ne pas éveiller les soupçons, s'il en avait.

Enfin, j'arrive au camp civil, ouf ! Dans la cour, un allemand civil, gardien du camp, fait le tour des baraques avec un molosse. Je rentre dans la première à droite, là je trouve trois gars qui jouent aux cartes. Je leur explique brièvement mon histoire. Ils me planquent dans un placard. J'entends la porte de la baraque qui s'ouvre et le schleu dit en allemand "Ça va?" et les gars répondent "oui". La porte se referme, ils me sortent de ma planque.

Enfin, environ 20 minutes plus tard, les "passeurs" arrivent avec 6 prisonniers de guerre qui eux aussi "se font la valise". Je suis surpris car je n'étais pas au courant. 2 travaillaient comme tailleur au camp de Brüx, ils se sont fait des costumes en couverture marron. Il y en a un de Vitry-sur-Seine, employé à la mairie comme secrétaire."

"Les passeurs réclament les 200 reichsmarks comme convenu, les autres payent mais sentant un coup fourré, je refuse en disant que je leur donnerai l'argent à l'arrivé. Ils n'insistent pas.

Enfin, nous partons pour Brüx et prenons le train via Dresden. Dans le wagon, je suis assis en face d'un soldat allemand, je fais semblant de m'assoupir. Au bout d'un moment, j'ouvre les yeux, il me regarde fixement et me dit "Français ?", je réponds "Oui, de Paris". Il a un sourire et me répond "Je connais Paris, j'y étais en 1940", puis il rit. Encore un ou deux mots et je tourne la tête pour qu'il me foute la paix.

Je fais semblant de faire un roupillon, factice, ça va. Après un certain temps dont je ne me souviens plus, nous arrivons à Dresden."

Dresden (Dresde) est la seconde ville la plus peuplée après Leipzig, à l'Est de l'Allemagne, en Saxe. Elle se situe dans le bassin de Dresde, entre les parties supérieures et médianes de l'Elbe et la plaine d'Allemagne du Nord.

"Les passeurs nous disent qu'ils doivent emmener 2 françaises avec nous, celles-ci travaillent dans une cantine de soldat allemand. On y va à 3, les passeurs et moi.

Nous entrons. Elles nous aperçoivent et viennent, elles nous présentent au soldat "Barman". La baraque est pleine de soldats, il y a même des S.S.

Nous remontons et récupérons les filles et sans tarder, repartons pour la gare de Dresden, direction Leipzig."

La **Schutzstaffel** (de l'allemand « escadron de protection »), plus communément désignée par son sigle **SS**, est une des principales organisations du régime national-socialiste. Progressivement, ses domaines d'activité se multiplient. Elle a une fonction politique au travers de l'Allgemeine SS, répressive avec le RSHA et le contrôle des camps de concentration, idéologique et raciale militaire après la création en 1934 de la SS-VT (connue sous le nom de **Waffen-SS** à compter de 1940). Elle est le principal organisateur et exécutant de l'extermination des Juifs d'Europe, que cela soit lors des opérations mobiles de tuerie perpétrées en Pologne et en Union soviétique par les Einsatzgruppen, ainsi que par la mise en place des camps d'extermination.

"Tout va bien. Arrivé à destination, il faut changer pour aller à Strasbourg. Les passeurs vont chercher les tickets.

Pendant ce temps, nous attendons au buffet de la gare. Il manque une chaise, mes voisins de table sont un officier allemand assez âgé, sa femme et 2 enfants. Il en prend un sur ses genoux et m'offre très courtoisement le siège. Après les remerciements d'usage, je m'assieds.

Quelque temps passe, puis les passeurs arrivent l'air affoler et nous disent tout bas, tirez-vous ! Vous êtes signalés, il y a des gendarmes partout qui contrôle les civils en partance pour l'Ouest.

Nous sortons en vitesse mais sans précipitations, nous traversons la place de la gare et dans une petite rue voisine, nous entrons au petit bonheur dans un bistrot minable, mais j'aime mieux cela. Cela prouve que ce n'est pas des partisans du régime. C'est une petite vieille qui tient cela, elle est bien sympathique"

"Et après lui avoir dit que nous étions français en permission, je lui demande de quoi nous lave. Nous passons à l'arrière salle, les filles aussi.

Tôt le matin, il n'y a encore personne dans les rues, tant mieux pour nous. Enfin, nous prenons un ersatz de café et après une petite discussion, nous nous séparons. Les filles veulent partir avec moi car les copains ont l'air désemparés.

J'explique aux filles que c'est trop dangereux pour elles. Si nous sommes pris ensemble, elles seraient plus sévèrement condamnées et jugées pour complicité d'évasion avec un prisonnier de guerre ! Donc, à regret, nous nous sommes quittés, je pars seul et sort de la ville.

Je traverse un faubourg, je vois deux prisonniers français qui font des réparations sur la chaussée et leur demande s'ils ne connaissent pas un coin pour se planquer. Non, ils ne voient pas et continuent leur boulot.

Je tombe sur une gare. Je rentre et demande en allemand un ticket pour Frankfort sur Mein. Le préposé prend le téléphone en me tournant le dos et je l'entends demander la gendarmerie ; il dit qu'il y a un suspect ici (je comprends et parle assez bien allemand).

Doucement, je fais marche arrière et arrive dehors, je sprint, mais le préposé me poursuit ainsi que quelques schleus, mais j'ai 100 mètres d'avance, m'ayant entraîné dans le camps et sur les chantiers, car je suis un ancien boxeur et le footing ça me connait.

Manque de pot, arrivé à l'angle d'un haut mur, je tombe sur deux feldgendarmes (à colliers de chien). Pas questions de fuir sinon je vais être tiré comme un lapin et les feldgendarmes ont la renommée d'être des tireurs d'élite."

La **Feldgendarmerie** est le nom de la police militaire allemande de la fin des guerres napoléoniennes jusqu'à la fin de la Seconde Guerre mondiale. Les Feldgendarmes étaient surnommés les « chiens enchaînés » (*Kettenhunde*) à cause du hausse-col qu'ils portaient autour du cou, qui avait l'allure d'un collier de chien en métal. Ils eurent un rôle important jusqu'à la fin de la Seconde Guerre mondiale, notamment en traquant les dizaines de milliers de déserteurs connus sous le nom de *Fahnenflüchtiger*.

> *"Je n'oppose aucune résistance. Ils me ramènent à la gare et téléphone au camps le plus voisin. Un des sous officiers armé me demande qui je suis, je lui dit : un travailleur alsacien. Il me demande mes papiers et comme je n'en ai pas, il se met en colère. J'ai les menottes, il me dit que je suis à Brüx et que nous avons été signalés. Je répond "oui mais que c'était mon devoir de m'évader" alors il me balance un coups de poing dans la figure. Il va récidiver, je ne bronche pas, mais les feldgendarmes s'interposent et le sermonne.*
>
> *Ce n'est pas l'envie qui me manque de lui répondre mais j'aurai vite fait de l'étaler, mais à quoi bon, il y a les feldgendarmes et pas questions de boxer avec eux."*
>
> *Bref, ils m'embarquent à la KriminalPolizei de Leipzig. Ils sont très correctes et me disent que la guerre est bientôt finie. Dans la cellule, je retrouve mes compagnons d'évasions, personne ne manquent à l'appel. Le lendemain nous passons à l'identité judiciaire, comme à Herne. Taille 1m72, poids 60Kg, yeux bleus etc...*
>
> *Par la suite, je suis ramené au camps de Brüx avec les menottes et mis aux secrets. Condamné par le tribunal de justice militaire a être déporté au camp de représailles de Rawa Ruska N°??? "*

*"**18 avril 1942** : Repris par la feldgendarmerie de Leipzig, puis cellule (3 jours) et passé au fichier.*

Quelques jours plus tard, je passe à l'officier de justice militaire qui me condamne pour récidive, à être déporté au camp de représailles de Rawa-Ruska.

Ramené au camp de Brüx quelques jours plus tard. Je suis présenté à mon ancien Kommando pour servir d'exemple, l'officier qui parle français leur dit : "On n'est pas des barbares, il aurait dû être abattu" ; "DORIZE va partir en camp de représailles", que ma capture prouvait que l'on ne s'évadait pas d'Allemagne et qu'en le faisant, (les déserteurs) ils risquaient d'être tués. Mais que j'allais être sévèrement puni car j'allais être déporté en Russie.

Mis au secret (environ 15 jours). Ramené au cachot, j'y reste quelques jours, puis part à la prison de Teplitz (Tchécoslovaquie)."

Attestation de M. MAIGNÉ André, Pierre :

- <u>Autres titres</u> : Adjoint au Maire de Kremlin-Bicêtre.

- <u>Distinctions honorifiques</u> : Médaille des évadés du ministère des armées 19 juin 1969 - n°25867/8.

"je me souviens fort bien que Roger DORIZE s'est évadé du commando gardé militairement de Brüx en 1942.

Nous étions dans la même compagnie et il a été porté manquant à la mi-avril*.

Quelques jours après, les allemands nous l'ont présenté, en nous disant que c'était la preuve qu'il n'était pas possible de s'évader d'Allemagne. Il a été mis en cellule. Il ne nous avait jamais caché qu'en cas de réussite, il reprendrait le combat."

Fait à Kremlin-Bicêtre, le 14 septembre 1978

*Je ne spécifie pas la date exacte mais je me souviens de l'époque, m'étant évadé dans la 2ème quinzaine d'Avril 1942.

Attestation de M. CORBE Jean Marie, Léopold :

- <u>Titres d'anciens combattant :</u> Carte de combattant n°60 378 (Saint Lo), amicales de Stalag IV C et V A.

- <u>Autres titres :</u> Ecclésiastique, missionnaire de l'intérieur, appartenant à la congrégation de Jésus et Marie (Eudistes).

- <u>Distinctions honorifiques :</u> Aucune distinctions officielle, mais les Y.M.C.A. de Suisse, avec qui je fus en relations suivies, m'ont attribué leur médaille "Pour services rendus aux camarades de captivité".

"Immatriculé au Stalag X B (Sandbostel, Hanovre) sous le n°62 183 X B, je me trouvais en traitement (pour fracture de la cheville droite sur le chantier de bois de Hamburg-Veddel) au "Reserve-Lazarett X A", à Schleswig, lorsque je reçus une mutation, qui m'envoyait au B.A.B. 27 en qualité de "Geistlicher". Je rejoignis donc cette unité dans la Ruhr le 11 (ou le 12) Août 1941.

Bien que résidant à Bochum avec la 3ème Kompanie de ce bataillon, j'allais un dimanche sur deux à la 11ème kompanie pour assurer le culte catholique, dans leur salle de Kdo. C'est là que je fis la connaissance de Roger DORIZE.

Lorsque notre bataillon fut transféré en Tchécoslovaquie, nous étions dans le même convoi, en compagnie d'environ 570 autres camarades. Le 8 Février 1942, nous arrivions au Kommando 459 de Brüx (aujourd'hui Most, en territoire Sudète) et notre bâtiment occupa ce que l'on appelait le "camp B" avec deux autres bataillons (le 4 et le 33), tandis que le camp A comprenait plus de 2000 prisonniers appartenant en majorité aux Stalags IV B et IV C. c'était l'un des plus grand kommandos de prisonniers de guerre existant alors; c'est là que s'évada Roger DORIZE en compagnie de quelques copains, et le "service de remplacement" fonctionna aussitôt: Pour que les allemands ne soupçonnent pas trop leurs fugues et pour leur donner le change pendant que les évadés prenaient du champs, des camarades qui venaient de répondre à l'appel dans leurs barakes passaient par la fenêtre et allaient prendre la place de ceux qui étaient partis...

Le système a fonctionné ainsi pendant près de deux ans : je l'ai connu jusqu'en Août 1943.

Le Kommando 459 de Brüx était considéré comme un camp disciplinaire, et l'on y voyait arriver des camarades de divers autres Kommands, pour purger des peines de deux, trois, six mois de "Erziehung" = éducation. Aussi, quand il y avait des évasions, aussitôt, c'était la réaction des gardiens : rassemblement général sur le terre-plein central, entre Camp A et camp B, que nous appelions "Place Parmentier" parce que c'est là qu'on faisait les peluches...

Lors de l'évasion collective du 17 Avril 1942, dont Roger DORIZE faisait partie, nous fûmes gratifiés de l'un de ces rassemblements, qui dura près de deux heures, avec appel nominatif (mais il y avait toujours quelqu'un pour répondre, sur le nombre ! ...) Mais cela ne donna rien de positif, malgré la présence du Capitaine commandant le camp, sur son cheval !

C'est d'ailleurs ce rassemblement qui nous fit comprendre que les fugitifs avaient été repris, car les gardiens ne s'étaient aperçus de rien et il avait fallu que la Schutz-Polizei (=Gendarmerie) signale qu'elle avait arrêtée des prisonniers évadés du camp de Brüx...

C'est tout ce que je me rappelle, concernant la fugue de Roger DORIZE et de ses complices. Evidemment, je ne l'ai pas suivi dans ses déplacements ultérieurs !

Puisse ce témoignage, véridique et sincère, servir à ce que de droit !"

"Je témoigne que Roger DORIZE a bien appartenu au Bau- und-ArbeitsBatalion 27, (B.A.B. 27) formé au Stalag VII A, de

Moosburg (Bavière), avec des éléments appartenant surtout à la légion Bretonne. Comme il est dit ci-dessus, je l'ai connu à la 1ère Kompanie de ce B.A.B. d'abord à Herne, dans la Ruhr ; puis, à partir du mois de Février 1942, à Brüx (auj. Most) en Tchécoslovaquie. C'est là qu'il s'évada, avec plusieurs camarades, le 17 Avril 1942. Malheureusement, il fut repris quelques jours plus tard, et je ne le revis plus..."

Fait à Donville les bains, le 5 février 1980"

Attestation de M. CATHELIN Alphonse, Émile :

- <u>Titres d'anciens combattant</u> : Carte de combattant n°72 43 53 Office département Seine.

- <u>Distinctions honorifiques</u> : Médaille des évadés, délivré le 13 Novembre 1970, 1ère région de la Pace de Paris - Médaille du travail 20 et 35 ans, Bâtiment Travaux Publics.

"Je soussigné CATHELIN Alphonse, Stalag XIII B, Nuremberg, matricule 70 458, certifie sur l'honneur avoir connu DORIZE Roger au camp de Brüx en février 1942, camp gardé militairement. Nous étions employés dans deux bataillons différents en provenance de la Ruhr, à la construction de l'usine HERMAN Goëring et dans l'entreprise Siemens.

Pour nous deux, il n'était pas question de travail mais plutôt d'évasion et de sabotage. L'évasion considérait comme très difficile et toute la propagande faite par voie d'affiche ainsi par l'administration du camp, malgré cela, DORIZE à décider courageusement de tenter sa chance. Il est parti au début d'Avril 1942 et n'a malheureusement pas réussi. Il m'avait confié à son départ "si je réussi je continuerai la lutte". Repris, il fut ramené au camp et mis en cellule. Avant son départ pour le camp de représailles de Rawa-Ruska, le commandant de camp avait rassemblé les P.G. pour nous présenter DORIZE et d'autres évadés repris pour nous dire : "Voilà ce qui vous attend dans le même cas", rien n'y fit pour tous, ceux qui ont eu le courage de partir refusant la contrainte.

Je me suis évadé après DORIZE en Juillet 1942 et j'ai réussi après une évasion manquée en 1941 à Nuremberg Ruhr et envoyé en compagnie disciplinaire. Brüx se trouve en Tchécoslovaquie."

Fait à Champigny sur Marne, le 30 Janvier 1980."

Attestation de M. ROBILLARD Maurice, René :

- <u>Titres d'anciens combattant :</u> Carte de combattant n°54.633

- <u>Distinctions honorifiques :</u> Médaille de la croix du combattant

"*Je soussigné ROBILLARD Maurice René demeurant à Saint-Pierre de Coutances, 50200 Coutances. Ancien prisonnier de guerre Stalag VII A travaillant au arbeitbataillon n°27. Arrivé à Brüx, en Tchécoslovaquie, en février 1942 dans un camp gardé militairement, barbelés et miradors de surveillance.*

Je me rappelle qu'une évasion s'est produite avec plusieurs camarades dont DORIZE Roger faisant parti, vers le 15 avril 1942. Malheureusement pour eux, ils furent repris quelques jours plus tard, ce qui entraina une fouille dans tout le camp et pour eux, la baraque disciplinaire. Pendant quinze jours ou trois semaines, suivant les cas.

je pense que par la suite, il fut dirigé sur le camp disciplinaire de Rawa-Ruska."

Fait à Saint-Pierre de Coutances, le 9 février 1980

Attestation de M. SAMSON Raphaël :

- <u>Titres d'anciens combattant :</u> Carte de combattant n°51.079 - Stalag VII A matricule 76.716

"Je soussignée SAMSON Raphaël, demeurant 33 rue Pasteur 77174 Villeneuve le comte, ex prisonnier de guerre, matricule 76716 Stalag VII A Bataillon 27

Avait été témoin de l'évasion de DORIZE Roger du camp de Brüx où j'étais moi-même au mois d'avril 1942 et où il fut ramené quelques jours plus tard.

Quelques temps après, mon bataillon a été déplacé à Nuremberg, de ce fait, j'ai perdu la trace de DORIZE Roger."

Fait à Villeneuve-le-comte, le 12 février 1980

Attestation de M. VÉZIER Jean, François :

- <u>Titres d'anciens combattant</u> : Engagé volontaire le 24/10/1939 pour la durée de la guerre et incorporé au 5ème Régiment du Génie à Versailles-Satory. Fait prisonnier de guerre le 21 juin 1940 à Lavelines-sous-Bruyères (Vosges).

Immatriculé au Stalag VII A à Moosburg (Bavière) puis affecté en décembre 1940 au arbeitsBataillon n°27.

Libéré par l'armée américaine le 23 avril 1945

Rapatrié le 05/05/1945.

"Le Bau und Arbeit Bataillon n°27 fut constitué en décembre 1940 au Stalag VII A à Moosburg et dès sa formation dirigée sur la Westphalie. Ses 3 compagnies constituant le bataillon furent réparties chacune dans une ville différente.

La 3ème compagnie où se trouvait le commandant (Major) allemand était cantonné à Bochum, la 2ème compagnie dans une ville voisine dont j'ai oublié le nom et la 1ère compagnie où je me trouvais avec DORIZE Roger à Herne.

La 1ère compagnie sous le commandement du capitaine (Hauptmann) Gräf était logée dans une petite salle de spectacle désaffectée et aménagée avec cadres en bois paillasses pour dormir et manger.

Le travail auquel fut affecté toute la compagnie était la construction d'un bunker géant (abri béton) destiné à la population de la ville de Herne.

Sous la conduite de contremaîtres et ouvriers civils allemands et sous la surveillance de sentinelles en armes, les prisonniers de guerre effectuaient les travaux de terrassement, de coffrage, de fabrication des armatures en ferà béton, de transport par brouettes et wagonnets du béton à couler.

C'est au cours de ces travaux que DORIZE Roger fut blessé au pied.

Je n'étais pas personnellement présent près de DORIZE Roger lorsqu'il fut blessé, mais j'étais au cantonnement quand il y fut ramené par deux camarades et une sentinelle et conduit à l'infirmerie.

Les premiers soins lui furent donnés, ensuite un médecin militaire l'examina. Son pied fut plâtré et DORIZE resta au cantonnement pendant le temps nécessaire à la consolidation de ses fractures.

Ce "fait divers" de notre captivité m'est resté en mémoire car à l'époque j'étais affecté à la cuisine et les allemands envoyaient DORIZE nous aider aux "corvées de peluches" puisqu'ils ne pouvaient l'envoyer au chantier.

Peu après sa reprise du travail, notre bataillon fut expédié à Brüx en Tchécoslovaquie. C'est de là, que quelques mois plus tard DORIZE Roger tenta une évasion et fut malheureusement repris, ramené à notre camp puis expédié en camp disciplinaire."

Fait à Caen, le 2 mars 1981

3.2 Rappels historiques

13 Décembre 1941 : L'Allemagne nazie et ses partenaires de l'Axe déclarent la guerre aux États-Unis.

17 Mars 1942 : L'Opération "Reinhardt" ayant pour but d'exterminer en masse les Juifs par le gaz est mis en application.

Avril 1942 : le Japon occupe les Philippines, l'Indochine, et Singapour, et prend le contrôle de la Birmanie. En France, Christian Pineau rapporte de Londres le premier message politique de De Gaulle à la Résistance intérieure.

Mai 1942 : Lancement dans le nord de la Chine de la une stratégie de la terre brûlée par laquelle l'armée japonaise, selon l'historien Mitsuyoshi Himeta, exterminera environ 2,7 millions de civils en 3 ans.

8 Mai 1942 : C'est la première bataille « porte-avions contre porte-avions » de l'Histoire. Bien que s'achevant par une victoire tactique japonaise (les Japonais n'ont perdu que le petit porte-avions Shoho alors que le porte-avions lourd USS Lexington a été coulé), il s'agit en fait du premier coup d'arrêt à l'expansion nippone.

Mai 1942 : Lors de la bataille de la mer de Corail, le débarquement japonais en Nouvelle-Guinée est repoussé. Puis au début de juin 1942, la bataille aéronavale des îles Midway coûte quatre porte-avions au Japon, désormais placé sur la défensive dans le Pacifique.

Mai 1942 – Mai 1945 Les Britanniques bombardent Cologne, marquant le début d'une campagne de bombardement qui porte la guerre sur le sol allemand.

CHAPITRE 4

Déportation disciplinaire

- Rawa-Ruska, Ukraine, 1942 -

4.1 Récits et précisions

*"**04 mai 1942** : Je passe en transit à Mülhberg, à la baraque disciplinaire des culottes rouges.*

Camps de Mülhberg, à la baraque disciplinaires des évadés de guerre, des "culottes rouges". Je n'ai plus de colis de ma marraine, madame COUBERT de Cléry Gérard qui habitait à Cap Martin-Rochebrune et à Séfrou (Maroc) ainsi que ceux de ma mère ; Ils m'ont été supprimés.

Je crève de faim. Je suis tellement faible que lorsque je me lève de ma paillasse, je vois tout noir et je me retrouve le nez par terre.

Enfin, les anciens parmi lesquels se trouve un écrivain, un marin, un légionnaire tatoué, me passent des biscuits et quelques conserves. D'après l'écrivain, dont je ne me rappelle pas de son nom, je vivrais jusqu'à 74 ans !"

Le **Stalag IV B** est ouvert près de la ville de Mühlberg en septembre 1939. En mai 1940, à la suite de la bataille de France, le camp accueille des prisonniers français, belges, néerlandais et britanniques. Libéré le 1er janvier 1945, il contient alors 25 052 prisonniers, principalement des Russes et des Polonais.

Les **culottes rouges** est le nom donné aux évadés de guerre qui ont été repris et qui résident dans ce camp. Les vêtements comportaient un pantalon rouge pour bien les distinguer des autres prisonniers.

> *"Au bout de quelques jours, je fais quelques exhibitions de boxe avec un nommé FRUGERIO, ex-champion des Ardennes parait-il. On me demande de le faire moyennant des biscuits, des sardines, ... D'accord, j'accepte ! Enfin, il y a de l'espoir !*
>
> *Dans le camp qui nous touche, il y a des russes qui meurent du typhus et de la faim, ils mangent des morceaux de leur camarades décédés et les planquent pour toucher leurs rations journalières. Il parait que deux français sont mort dans ce camps du typhus."*

Le **Stalag IV H**. En avril 1941, un camp initialement destiné aux seuls prisonniers soviétiques est installé à Zeithain, à 10 kilomètres au sud de Mühlberg. Nommé Stalag 304, il accueille en juillet 2 000 détenus qui construisent les quartiers des gardes, des bâtiments agricoles puis les baraques. À la fin de l'année, le nombre de prisonniers a atteint 11 000 hommes dont environ 7000 sont morts du typhus et de malnutrition.

> *"**Fin Mai**, je suis embarqué pour Rawa-Ruska dans un wagon à bestiaux. Nous sommes environ 60 dans le wagon, avec une boite à végétaline pour faire nos besoins. Comme il y a du chlore dedans, nous évitons de nous en servir car la réaction chimique nous pique nez et gorges et l'air devient irrespirable. Au bout de quelques heures, il y a parmi mes*

camarades de misère, certains qui ne supportent pas l'étouffante chaleur et l'odeur qui y règne ; ils s'évanouissent. Les plus fort et les plus vieux, ça va, mais des paysans ou des gars qui ont l'habitude de l'air pur, ce sont eux les plus touchés.

Le lendemain matin, le convoi s'arrête. Nous descendons sur le ballaste, côté gauche de la voie ferrée. Exposition des derrières, beaucoup ne peuvent satisfaire leurs besoins car nous avions comme nourriture 1 boite de boudin et un demi pain de sciure, sans eau. Alors, pas étonnant ce qui arrive maintenant.

Les sentinelles sont autour et surveillent attentivement, quelle bonne occasion s'ils pouvaient en tirer quelques-uns pour tentative d'évasion ! Tout à coups, l'orage arrive et éclate, il faisait vraiment trop chaud et soif. La pluie tombe, nous passons nos gamelles à travers la petite fenêtre pour récupérer l'eau du toit.

Enfin, nous arrivons à Rawa-Ruska. Je suis envoyé au bloc 4 et aux écuries."

Le camp de représailles de Rawa Ruska situé maintenant en Ukraine, district de Galicie est un camp de récidivistes de l'Evasion. Winston Churchill l'a appelé "le camp de la goutte d'eau et de la mort lente" ; un seul robinet pour des milliers de prisonniers de guerre.

L'arrivée du premier convoi a eu lieu le 13 avril 1942 dans des conditions inhumaines. Ce camp avait également des sous-camps ; il était situé dans le triangle de la mort près des camps d'extermination Treblinka, Auschwitz, Belzec, Maïdanek, Sobibor.

DANS «LE TRIANGLE DE LA MORT», RAWA-RUSKA ET SES SOUS-CAMPS

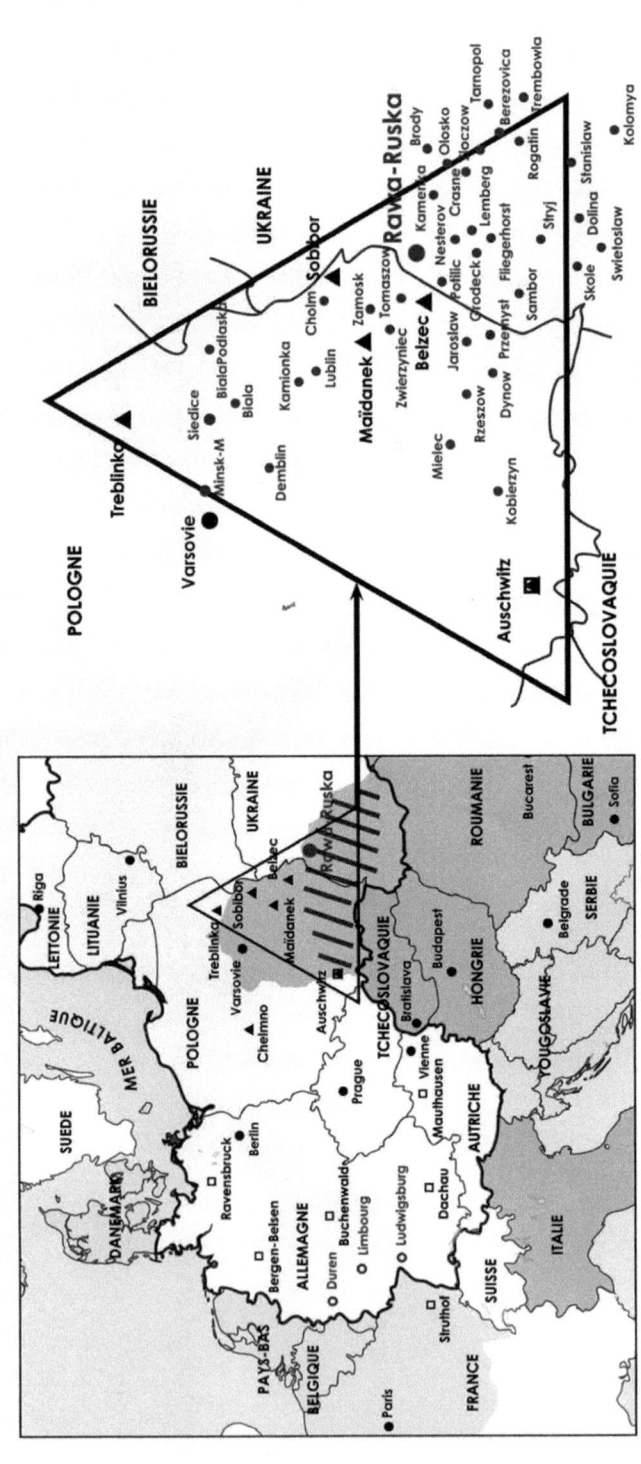

"Les jours et les mois passent dans l'attente de la fin car on crève à petit feu d'inanition. "Ils" le font exprès pour nous enlever tout énergie et toute force pour parer à toute éventualités d'évasion. Ils savent très bien que privé de nourriture, on n'irait pas loin en cas d'évasions. Ils ont une organisation parfaite à ce sujet et beaucoup d'expérience. Moi, je tombe malade.

Je fais la connaissance de ANDRÉ Paul et de PÉZI Henri, qui sont aussi à l'infirmerie. J'ai attrapé une pleurésie, parait-il ; car au soleil, on cuit et à l'ombre, on grelotte. Je crois bien que je vais crever. La nuit, je délire et j'étouffe. Séjour à l'infirmerie, étant confié au bon soin de docteur et infirmiers français, je m'en sors au bout de quelque temps mais je ne me souviens pas de combien...

Lorsque je ressors, c'est pour faire la queue pour avoir une gamelle d'eau. Mais après dix minutes, il n'y a plus d'eau. Durant la journée, je récupère une boite de conserve de 1Kg vide pour y mettre de la flotte ou autre chose, thé, eau croupie, peu importe, on est prêt à tout boire et à tout manger ce qu'on nous donne. Et avec cela, il faut boire et se laver. Je crois que si ça continue, on va faire comme les prisonniers russes et mongoles, on va devenir cannibale !"

Des amicales se sont formés, il faut aller se faire inscrire "aux écuries", là, des gars font des cartes de Rawa aux couleurs de Paris derrière une photo personnelle. Des copains d'art (je ne me souviens pas le nom) nous demandent notre région. Moi je fais partie de la section Paris, alors je leur donne une photo personnelle, format 9x6cm environs. Ils font au crayon rouge et bleu, une bande transversale aux couleurs de la ville de Paris, y inscrivent mon nom et mon matricule 31373 du stalag VIIA."

"Cette photo d'ailleurs, par la suite, je l'ai déchirée en prévision d'une probabilité future d'évasion ! car si l'on était repris, étant prisonnier K, on était tué sans jugement. Cela, les autorités allemandes avaient eu "la bonté" de nous le dire.

Je crève tellement de faim que l'on fait cuire des orties et de l'herbe. La nuit je rêve que je mange de la pâtisserie. Cela me réveil et pour stopper ma faim, je mâche la fibre de bois de nos paillasses.

Parfois, les Schleus demandent une corvée de bois. Moi je me planque sous ma paillasse, je sais ce que cela veut dire. Ils prennent quelqu'un des disciplinaires, les emmènent dans les bois et à l'un deux, lui dit de se sauver et ils le tirent comme un lapin. Motif : tentative d'évasion. Les S.S., ça les amuse et en plus, ils ont les félicitations des autorités supérieurs. Comme cela, ils restent planqués et ne partent pas au front. Ils ne risquent rien ici, ils sont peinards ! C'est une façon comme une autre de gagner la croix de fer !

Nous devons nous méfier des civils car en Ukraine, il y a malheureusement beaucoup de collabo à qui l'Allemagne a promis l'autonomie ou l'indépendance. Aussi, il y a des jeunes Ukrainiens d'environs 17 ans qui sont armé de fusils de guerre car la propagande allemande est très active. Ils leurs ont dit que nous étions des vauriens et des criminels et que si nous nous évadions, nous massacrerons leur famille, alors eux aussi, lorsque qu'ils arrêtent un évadé, ils le fusillent tout de suite.

Bien entendu, ici, "Tom mix" (note : le capitaine "Fournier", un S.S. allemand) *fait des siennes pour essayer de nous effrayer, sans grand résultat, toujours le pistolet à la main, c'est un virtuose !"*

RITTMEISTER FOURNIER dit *"TOM MIX"* était le chef de camp allemand du Stalag 325 de Rawa-Ruska en 1942. Il profitait de son statut pour persécuter les prisonniers.

> *"Plusieurs fois, j'ai vu rentrer au camp une charrette avec un cadavre d'évadé recouvert de feuillage ou de branches."*

4.2 Rappels historiques

Mai 1942 : Front de l'Est : la XIe armée allemande (groupe d'armées Sud) se lance à l'assaut de la péninsule de Kertch.

15 mai 1942 : Front de l'Est : les forces allemandes percent le front de Crimée et occupent la ville de Kertch, ce qui oblige les Soviétiques à évacuer la péninsule de Kertch. Le front de Crimée n'existe plus.

26 mai 1942 : Début de la Bataille de Bir Hakeim. Bir Hakeim est une oasis desséchée au milieu du désert de Libye. Pendant seize jours, du 26 mai au 11 juin 1942, la première brigade française libre du général Kœnig y résista aux attaques des armées motorisées italiennes et allemandes (l'Afrika Korps) du général Rommel. Le répit ainsi gagné par les Français libres permit aux Britanniques, en mauvaise posture, de se replier.

27 mai 1942 : Tchécoslovaquie : attentat mortel contre Reinhard Heydrich, Reichsprotektor de Bohême-Moravie, chef de la police et du RSHA (les Services centraux de sûreté du Reich). Heydrich était considéré par les Alliés comme l'un des dirigeants nazis les plus dangereux. il mourra de ses blessures le 4 Juin 1942.

2 Juin 1942 : Front de l'Est : En mer Baltique, le sous-marin soviétique L-1 est coulé par l'aviation allemande. À Ventspils un convoi naval soviétique parvient a débarquer de l'infanterie de marine et à évacuer des blessés. 25 000 ouvriers de Minsk, sont réquisitionnés pour creuser des tranchées et des fossés antichars.

Juin 1942 : Les Allemands ont relancé leur offensive vers l'est, en direction de la Volga et des pétroles du Caucase. Mais les troupes allemandes restent bloquées devant Stalingrad.

7 Juin 1942 : Victoire américaine à la bataille navale de Midway. Midway est le tournant de la guerre du Pacifique. La marine impériale japonaise subit une défaite écrasante dont elle ne se relèvera jamais, perdant 4 des 6 porte-avions qui avaient participé à l'attaque de Pearl Harbor avec leurs pilotes expérimentés, ainsi que le croiseur lourd Mikuma. De leur côté les Américains perdent le porte-avions Yorktown.

28 Juin 1942 : Front de l'Est : déclenchement de l'offensive d'été de la Wehrmacht, l'opération *Fall Blau* (opération Code bleu). L'offensive ne concerne que la partie sud du front, de Koursk à la mer d'Azov.

3 Juillet : Pacifique Sud : Guadalcanal tombe aux mains des Japonais qui construisent un aérodrome dans cette île de l'archipel des Salomon.

4 Juillet : Front de l'Est : la Wehrmacht s'empare de Sébastopol.

16 Juillet 1942 : Paris : rafle du Vel d'Hiv. 9 000 policiers et gendarmes français exécutent la plus grande rafle jamais organisée dans la capitale. 12 884 Juifs étrangers (3 031 hommes, 5 802 femmes et 4 051 enfants) seront au total interpelé.

19 Aout 1942 : France : Débarquement de Dieppe (ou opération Jubilee) : tentative ratée de débarquement des Alliés en France occupée, sur le port de Dieppe. L'entièreté des troupes engagées canadiennes furent décimées sur les plages.

Septembre 1942 : En Afrique du Nord, les Britanniques ont repris l'initiative à partir de septembre 1942. Ils remportent une victoire décisive à El-Alamein et commencent à repousser l'Afrika Korps vers l'ouest.

CHAPITRE 5

Les horreurs de la guerre

- Rawa-Ruska, Ukraine, 1942 -

5.1 Récits et précisions

> *"Enfin, **fin Octobre 1942** : départ pour Tarnopol.*
>
> *"**29 Octobre 1942** : Départ pour Tarnopol, camps disciplinaire, dépendant de Rawa-Ruska en Ukraine, j'attrape une pleurésie et un coup de baïonnette à la cuisse droit, pour refus d'obéissance. Envoyé à Biala-Podleska, camp disciplinaire dépendant toujours de Rawa-Ruska (ayant passé auparavant à la citadelle de Lvow) Lemberg jusqu'en Décembre 1942."*

Tarnopol (Ternopil actuellement) est une ville d'Ukraine occidentale. Au tout début de la Seconde Guerre mondiale (en septembre 1939), Tarnopol est d'abord occupée par les Soviétiques, envahisseurs de l'Est de la Pologne conformément au Pacte germano-soviétique de 1939. Le 2 juillet 1941, la ville est occupée par l'Allemagne : elle est alors rattachée au Gouvernement général de Pologne.

Les Allemands mettent en place un ghetto en septembre 1941, le ghetto de Tarnopol. Une partie de sa population y meurt de faim, de froid ou de maladie, tandis que les autres travaillent dans plusieurs camps dans la ville et ses environs.

"1942 a été très chaud et assez tardivement chaud. Aussi, j'attrape une rechute de pointe de pleurésie et une dysenterie aigue, ce qui n'arrange rien.

Enfin, après un court repas et des pilules, je pars au transport de briques des habitations détruites car ici, ça a tapé sec ! Le sous-officier qui nous commande est un salaud. Il nous fait coucher debout, coucher avec des briques sur les avants bras. Je suis en tête (connaissant l'allemand usuel), les gars dans les rangs derrière rouspètent. Ils sont crevés et tous, on en a marre. Je ne me couche plus, je reste debout ! Qu'il aille se faire foutre, ce guignol. Les autres suivent. Les schleus gueulent, et comme je comprends le boche, ils doivent montrer l'exemple.

Puis se précipite derrière moi. Je ne me retourne pas, je sens un coup dans la cuisse droit. Les gars disent "le salaud, il t'a piqué, il t'a filé un coup de baïonnette", je sens le sang qui coule et ça brule. J'ai mal, je boite, il me fait sortir des rangs, me traitant de "Sekein Kopf, Sauhsen !" (???)."

Il me dit de rester assis et ordonne de chanter, nous chantons. "Ah ce qu'on s'emmerde ici !", le schleu est fier. Nous arrivons dans le camp, un interprète allemand s'approche de lui. Notre gardien lui dit "hein, mes franzuses, ils chantent bien !" L'interprète lui traduit la chanson. Il se met à gueuler "ZURUCK", mais c'est trop tard, tous se sont évaporés dans les baraques. Il n'y a pas eu de suite.

*Notre boulot aussi, c'était d'aller au camp **Rawa-Ruska**, c'est pire encore, on risque la mort tous les jours.*

Rava-Rouska (en ukrainien) ou **Rawa-Ruska** (en français, allemand) est une ville de l'oblast de Lviv, en Ukraine.

Particulièrement destinés aux Soviétiques, les camps de la « série 300 » ont pour chef-lieu Poznań et relèvent du Wehrkreis XXI. Entre juillet 1941 et avril 1942, plus de 18 000 prisonniers de guerre soviétiques détenus dans des conditions inhumaines à Rawa-Ruska y trouveront la mort.

Sous la direction de l'Oberscharführer SS Stein et du chef de la gendarmerie, commandant de la ville de Rawa-Ruska Klein, ils sont fusillés sans jugement par les agents de la Gestapo et leurs corps emportés sur des remorques de tracteurs et enfouis dans la forêt de Wolkowice.

En mars 1942, les autorités allemandes décident de transformer le Stalag 325 de Rawa Ruska en camp de représailles pour les prisonniers de guerre français internés en Allemagne qui avaient tenté de s'évader ou refusaient de travailler. Une grande partie des détenus y périront en raison des mauvaises conditions de vie.

Le premier convoi arrive à Rawa-Ruska le 13 avril 1942. En juin 1942, les prisonniers français et belges sont environ 10 000, et l'on commence à les répartir dans des « sous-camps » créés dans la région. Les conditions de vie y sont particulièrement pénibles, en raison du climat avec des températures de −20° à −30 °C pendant les cinq mois d'hiver et une chaleur torride en été, d'une nourriture insuffisante et du travail forcé auquel étaient contraints les prisonniers. À Rawa Ruska, les robinets d'eau étaient rares et bien insuffisants pour quelque 10 000 hommes, ce qui amènera ultérieurement Winston Churchill à décrire dans un discours le camp de Rawa Ruska comme celui « de la goutte d'eau et de la mort lente ».

Dans une lettre édifiante au procureur général du procès de Nuremberg, le chef du camp, le lieutenant-colonel Borck, écrit peu avant son exécution : « Rawa-Ruska restera mon œuvre, j'en revendique hautement la création, et si j'avais eu le temps de la parachever, aucun Français n'en serait sorti vivant. Car je peux bien le dire maintenant, puisque je vais mourir, j'avais reçu des ordres secrets de Himmler d'anéantir tous les terroristes français ».

En raison de l'avancée de l'Armée rouge, le camp de Rawa Ruska est en grande partie évacué par les Allemands le 19 janvier 1944 et la plupart de ses occupants transférés dans divers camps, dont la citadelle de Lwow (actuellement Lviv). Le 20 juillet 1944, la ville et le camp sont libérés par l'Armée rouge. Les prisonniers qui y sont encore internés sont retenus par les Soviétiques jusqu'à leur rapatriement en France ou en Belgique, à savoir près d'un an plus tard le 2 juillet 1945.

"Je retrouve AZÉMA André, TAILLÉ Albert, PINOTEAU Bernard, MARCIANO Paul, SAVAROC Claude, DUHAMEL René, plus le "gars" DUCHEMIN, de Vitry, celui qui s'était évadé de Brüx avec moi.

Durant plusieurs mois, nous sommes employés à nettoyer le camp russe désaffecté car ses occupants sont morts du typhus, exécutés ou de faim. C'est bon signe, ils craignent un retour des russes...

Nous enterrons les restes en putréfaction de ces malheureux, dans une atmosphère pestilentielle. Il faut faire disparaitre les traces de ce camp, abattre les baraques, boucher les fosses des macchabés. Cette odeur fade de pourriture qui nous prend à la gorge et les mouches qui collent partout car il faut chaud. Encore, nous attrapons tous la dysenterie aigue.

Moi je fais un séjour à l'infirmerie car je fait une complication pulmonaire."

Lviv ou Lvow, principale ville locale et centre historique de la Galicie, ainsi que ses environs, comptent une forte minorité juive ashkénaze d'expression yiddish travaillant essentiellement dans les activités du commerce et de l'artisanat. Cette dernière est anéantie par l'application de la solution finale.

En 4 décembre 1939, l'oblast de Lviv, une subdivision de l'Ukraine, est créé après l'invasion et l'annexion de la Pologne orientale par l'Union soviétique, conséquence de la signature du Pacte germano-soviétique, le 23 août 1939.

> *"Enfin, **fin Octobre 1943**, nous partons pour Lwov Lemberg, puis Biala-Podlaska. Nous cassons des cailloux sur la route de Varsovie, à 150km environ à l'Est."*

Biała Podlaska est une ville de la voïvodie de Lublin, dans l'est de la Pologne. Au cours de la Seconde Guerre mondiale, les Allemands installent un ghetto dans la ville dans lequel ils enferment les juifs de Biała Podlaska et des villes des environs. En mars 1942, le ghetto compte 8 400 prisonniers. Les Juifs sont contraints aux travaux forcés dans les environs, fermes, usines, construction de routes, aérodrome. Les conditions sont très difficiles et ils souffrent notamment du typhus qui fait plusieurs morts.

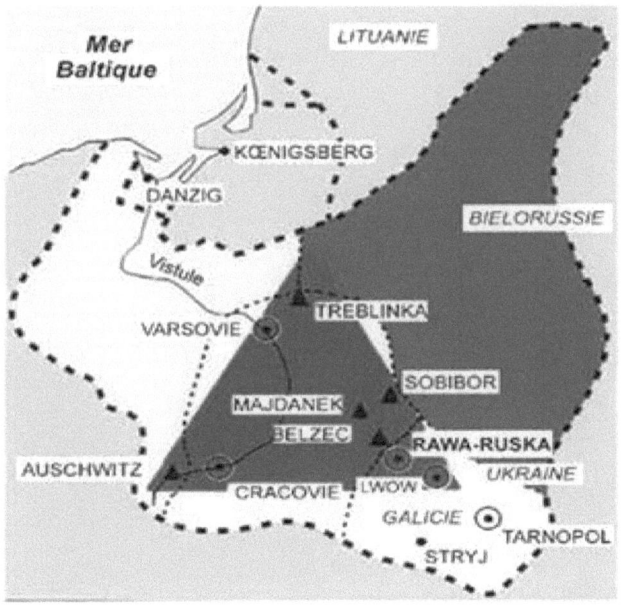

Nom du prisonnier : DOIZE
Prénoms : Roger Philippe, né le 28 juin 1918
Corps et grade : Caporal 152° R.I.F
prof. Polisseur
Camp. — Gefangenenlager : M. FELDPOST 352 (81.A
Matricule au camp : 31.373
Domicile en France au moment de la mobilisation : 37 Passage Alba (13ᵐᵉ)
dern. empl. Coustial B...

Correspondant qualifié.
Nom et prénom : Doizé Jeanne
Adresse : 50 Avenue Jules Coutant, Ivry/S. (mère)

NUMÉROS D'ORDRE DE LA DISTRIBUTION.

1	5	9	13	17
27 MAI		23	27 AVR 1943	31 AOUT 1943
2	6	10	14	18
		30 JANV 1943	28 MAI 1943	30 SEPT 1943
3	7	11	15	19
27 JUIN	28 OCT 1942	9 MARS 1943	30 JUIN 1943	4 NOV 1943
4	8	12	16	20
25 JUIL	18 NOV 1942	30 MARS 1943	8 JUIN 1943	31 DEC 1943

"Puis, un mardi matin, nous restons au camp : défenses de sortir ! On entendait des rafales de mitraillettes.

Les gardes noirs (disciplinaires allemands) massacraient les civils qui ne pouvaient servir à quelques choses : les malades, les enfants et les vieillards de la ville. Lorsque nous ressortons, on les engueule. Ils disent qu'ils étaient eux aussi des disciplinaires et qu'ils étaient obligé sinon pour eux aussi, c'était le peloton d'exécution ou pire, le front russe !

Après pas mal d'atrocités de la sorte dont nous fûmes témoins. Pour les bons travailleurs, nous partons fin décembre vers l'Allemagne mais ce n'est pas mon cas car je ne suis pas désigné. Par contre un copain de Brüx est désigné.

Lui, ne veut pas partir car il a son copain qui ne part pas. Pour moi, c'est une chance, je lui propose de partir à sa place et il accepte moyennant une compensation. Je lui donne tout mon tabac et les vivres que je possédais. Je suis heureux, un pas vers la France !

*Fin **Décembre 1943** : Retour en Allemagne, je passe en transit, interné à la baraque disciplinaire à Fürstenberg, stalag III B, puis à Küstrin, stalag III C, en StrafKompanie 990, pour travailler à la Shellstoffabrik (usine de vêtements)."*

Le **Stalag III B** était situé dans l'actuelle ville d'Eisenhüttenstadt (anciennement Fürstenberg-sur-Oder), en Allemagne, à l'actuelle frontière polonaise. C'est un camp de travail pour les prisonniers de guerre américains, britanniques, italien et français.

"Après avoir croisé des trains, transportant des soldats qui font une drôle de gueule. C'était la légion des volontaires français (S.S. Français). Ils ont droit à nos félicitations et nos quolibets. (Je ne l'écris pas, je censure car nos injures étaient en relief !) En somme, nous les envoyons sur les roses en leur souhaitant beaucoup de bonheur avec les russes et les mongoles. (Entre autres, que nous espérons que les russes vont leur couper les roustons et en faire des pendants d'oreilles pour leurs femmes !).

Nous arrivons en Allemagne, au camp de Fürstenberg-sur-Oder, Stalg III B. Court séjour, désinfection, douche, tondeuses double zéro puis ensuite, à Küstrin Straffkommando 990 à la Drewitz schelstoffabrik où il y a "le piqueur", toujours la baïonnette à la main, un vieux mec de la région de Saarbrück."

Strafkompanie (**Unité punitive**) est un mot allemand désignant la division du travail pénal dans les camps de concentration nazis. *SK* est l'abréviation utilisée dans les camps de concentration dans les *Strafkompanies*. Ces divisions pénales sont une punition supplémentaire qui peut être imposée aux détenus déjà épuisés dans les camps. Les prisonniers de la Strafkompanie sont astreints à un travail acharné, par exemple dans les carrières, où la plupart des prisonniers meurent. Elle se compose de toutes sortes de prisonniers : criminels, Juifs, soldats russes, prisonniers politiques, prêtres, Témoins de Jéhovah, homosexuels, Tsiganes Roms.

"Transférés au Stalag III C, nous avons la visite de SCAPINI, représentant les prisonniers de guerre en gouvernement français. Il était presque aveugle à l'époque et il nous a chuchoté : pauvres enfants, je vous plains car nous nous étions un camp dans un camp."

> *"Rien à voir avec les prisonniers de Stalag III C proprement dit, qui avaient peur de se compromettre avec nous."*

Le **Stalag III-C** était un camp de prisonniers de guerre de l'armée allemande pendant la Seconde Guerre mondiale pour les soldats alliés. Il était situé dans une plaine près du village d'Alt Drewitz bei Küstrin, alors situé dans le Neumark de la province de Brandebourg (aujourd'hui Drzewice, Kostrzyn nad Odrą, Pologne), à environ 80 km à l'est de Berlin.

Initialement, le camp servait de lieu d'internement à plusieurs milliers de soldats et sous-officiers de Pologne, de France, de Grande-Bretagne, de Yougoslavie et de Belgique. La plupart des prisonniers de rang inférieur ont été envoyés dans les Arbeitskommandos pour travailler dans l'industrie et dans les fermes du Brandebourg. À partir de 1943, un certain nombre de prisonniers de guerre italiens y furent également détenus. À partir de 1944, des soldats américains y furent également détenus. La majorité des prisonniers soviétiques (jusqu'à 12 000) ont été tués ou sont morts de faim.

> *"Beaucoup étaient pétainiste et arborait la francisque. Le lendemain, notre homme de confiance tout de blanc vêtu, il s'appelait BONNOT, un brave copain de Rawa, vient me trouver et me dit "dit donc DORIZE, fait gaffe, tu vas au III C voire le toubib."*
>
> *Ne parle pas trop là-bas car tu t'es fait repérer et il y a des gars qui ont la langue trop longue. Alors un conseil : ferme là sinon tu vas te retrouver encore en tôle.*
>
> *Il n'y a pas eu de problème car je ne suis pas retourné à ce camp."*

Attestation de M.Azéma Lucien :

- <u>Titres d'anciens combattant :</u> Carte interné résistant du 20 octobre 1964, n°12.01.22821 - Délivré par le ministère des anciens combattants et victoires de guerre.

"Je soussigné Azéma Lucien demeurant à Paris 14ème - 6 square André Lichtenberger, ex prisonnier de guerre évadé - Matricule 11.138, Stalag 12 A, interné au camp de représailles 325 Rawa-Ruska, du 24 Juin au 29 Octobre 1942 et des commandos qui en dépendait, Tarnopol et ensuite Biala Podlaska,

Atteste sur l'honneur la présence de DORIZE Roger, 60 rue de Sucy à Boissy-Saint-Léger 9447, aux mêmes dates et mêmes camps, et nous avons été affectés ensuite au Stalag III C à Küstrin.

En foi de quoi, je lui délivre le présent certificat, pour valoir ce que doit."

Fait à Paris, 26 janvier 1978

Attestation de M. ANDRÉ Paul, Louis :

- <u>Titres d'anciens combattant</u> : Carte de combattant n°43219, carte d'interné résistant n°1.211.17.233, carte de combattant volontaire de la résistance n°51.90.85.

- <u>Autres titres</u> : Officier de Police en retraite - officier de réserve - Président de la section des évadés et passeurs de Vichy-moulins.

- <u>Distinctions honorifiques</u> : Médaille d'honneur de la Police, croix du combattant, médaille du combattant volontaire de la résistance.

"Service actif effectué au 3ème régiment de zouaves à Constantine (Algérie), mobilisé le 2 septembre 1939 au 11ème régiment de zouaves, Deuxième division Nord-Africaines. Secteur de Boulay, Campagne de Belgique.

Fait prisonnier à Lille, le 30 Mai 1940, Stalag II D, Stettin (Poméranie).

Évadé une première fois du Kommando de Greifenberg - Repris.

Évadé une seconde fois du Stalag III B - Furstemberg.

Transporté au camp de Représailles de Rawa-Ruska. J'ai effectivement connu le prisonnier évadé DORIZE Roger au Stalag 325 - Kommando 2.002 - Tarnopol - Citadelle de Lemberg 26/10/1942 - jusqu'au 1/10/1943.

Libéré et rapatrié le 13 mai 1945."

Fait à Vichy, le 12 Mai 1979

Attestation de M. DORIZE Roger, sur M.Pézi Henry :

"Je soussigné DORIZE Roger Philippe, né le 28 Juin 1918 à Nantes (L.A) demeurant, 60 rue de Sucy, à Boissy-Saint-Léger 94470. Ex-prisonnier de guerre, stalag VIIA (Allemagne), matricule 31373, interné-déporté, pour faits d'évasions au camp de représailles de Rawa-Ruska (Ukraine) de mai 1942 à Décembre 1942, déclare avoir connu dans ce camp, Monsieur Pézi Henri, stalag IIIC où il était interné, pour fait d'évasion. Il fit d'ailleurs un séjour à l'infirmerie pour maladie pulmonaire.

En Octobre 1942, nous fûmes transférés à Tarnopol (Ukraine) camp disciplinaire dépendant de Rawa-Ruska n°325.

Nous fûmes employés ainsi que d'autres camarades disciplinaires pour faire disparaitre le camp russe n°307, où la plupart d'entre eux y moururent du Typhus ou du Choléra, ou massacrés par les S.S., ... ; Notre tâche consistait à abattre les baraques et à boucher les fosses dans une puanteur épouvantable, des cadavres y étaient à moitié enfouis.

Pézi Henri, Taillé Albert, moi-même et beaucoup de mes camarades, eurent une dysenterie aigue, consécutive à cette pénible besogne et au manque de nutrition, une louche d'eau 10grs de millet et une tranche de pain (ersatz), par jour.

Ce camp étaient vraiment les portes de l'enfer et de la mort. Je certifie sur l'honneur, l'authenticité de ces faits."

Fait à Boissy-Saint-Léger, le 19 Septembre 1979

Attestation de M. MARCIANO Paul, Jacques :

- <u>Titres d'anciens combattant</u> : Carte de combattant n°110264, carte d'interné résistant n°1.2.13.25.939, carte de combattant volontaire de la résistance n°16.14.00.

- <u>Distinctions honorifiques</u> : Légion d'honneur, Médaille des évadés, médaille du combattant volontaire de la résistance, médaille du combattant déporté, interné résistant, palme académique du mérite social.

"Je soussigné Paul MARCIANO demeurant Hameau ..., 13190 Allauch. Ex prisonnier de guerre Stalag XI B, matricule 71412, atteste que DORIZE Roger demeurant 60 rue de Sucy 94470, Boissy-Saint-Léger, se trouvait bien interné au camp de représailles à Rawa-Ruska 325 - Ukraine où j'y étais moi-même du 13 avril 1942 au 1er novembre 1942.

En foi de quoi, je lui délivre le dit certificat."

Fait à Allauch, le 28 Août 1979

Attestation de M. PANOSSIAN Albert :

- <u>Titres d'anciens combattant :</u> Chevalier de la Légion d'Honneur, médaillé militaire, croix de guerre, croix du combattant volontaire, médaille des évadés, interné résistant.

- <u>Autres titres :</u> Grand invalide de guerre à 100%, carte de combattant n °556 227, carte CVR n°505151.

"Je soussigné Albert PANOSSIAN, certifie avoir connu DORIZE Roger au camp de Rawa-Ruska en juillet 1942 à l'infirmerie où il a été emmené la figure en sang, le nez cassé, il avait été battu à coup de crosse, de bottes et de poings sur la tête, la poitrine et le ventre.

Il avait déjà une pleurésie mais il n'y avait rien pour soigner. Il a été très touché par les coups qu'il a eu. Je crois qu'il a dû avoir la mâchoire cassée. Il est parti peu avant moi vers le 25 octobre 1942.

Pour lui servir ce que de droit"

Fait à Paris, le 9 Juin 1980

Attestation de M.PINOTEAU Bernard, Henri, Armand :

- <u>Titres d'anciens combattant</u> : Carte de combattant n°5613, délivré par l'office des anciens combattants de Madagascar le 08/07/52

- <u>Autres titres</u> : Engagé volontaire le 21/04/1938 - Campagne de Norvège et de France avec le 25ème Bataillon de Chasseurs Alpins (B.C.A.), Médaille des évadés n°4872-s par décret du 14 Août 1948. J.O n°198 du 21/08/1948

"Je soussigné PINOTEAU Bernard, Henri, Armand, né le 16 avril 1920 à Versailles, demeurant ..., engagé volontaire en avril 1938, ex prisonnier de guerre matricule 25.903 Stalag IX A à Ziegenhain, évadé (médaille des évadés) et interné au camp de représailles 325 à Rawa-Ruska et ensuite à la citadelle de Lvow et à Kobierçyn (Pologne),

Atteste sur l'honneur que mon camarade DORIZE Roger à bien séjourné à Rawa-Ruska et à la citadelle de Lvow (Lemberg) du 24 juin 1942 à fin octobre 1942, date à laquelle j'ai été transféré au camp de sous-officiers réfractaires 369 à Kobierçyn (Cracovie).

Présence au camp disciplinaire de automne et hiver 1942. Mon camarade DORIZE Roger a été envoyé à Tarnopol, dépendant du 325 Rawa-Ruska de Juin 1942 à début janvier 1943. Je l'ai perdu de vue ayant été moi-même transféré au camp de sous-officier.

En foi de quoi, je lui délivre la présente attestation pour valoir ce que doit."

Fait à Paris, le 29 janvier 1978.

5.2 Rappels historiques

23 Octobre 1942 : Seconde bataille d'El-Alamein qui se déroule du 23 octobre au 3 novembre 1942, près d'El-Alamein (Égypte), et oppose la 8e armée britannique dirigée par Bernard Montgomery au Deutsches Afrikakorps d'Erwin Rommel. L'Italie perd la Libye et ses colonies africaines.
En Afrique du Nord, les Britanniques ont repris l'initiative et commencent à repousser l'Afrika Korps vers l'ouest.

8 Novembre 1942 : Les forces Alliés débarquent en Algérie et au Maroc.

11 Novembre 1942 : France : Les Allemands considèrent que l'armistice de juin 1940 est rompu et envahissent alors la zone sud de la France que cet armistice avait prévu non occupée.

2 Février 1943 : Front de l'Est : Fin de la bataille de Stalingrad qui s'achève par la reddition des troupes allemandes, après la contre-offensive russe. L'ensemble des combats, dans et hors de la ville, ont tué ou blessé environ 1 130 000 soldats soviétiques, et (en y incluant les 244 000 prisonniers) fait perdre de l'ordre de 760 000 soldats aux troupes allemandes, roumaines, italiennes, hongroises et croates. En outre, le nombre de morts chez les civils soviétiques a été de l'ordre de 100 000. Si l'on cumule toutes ces pertes (morts, blessés, prisonniers), la bataille a provoqué en tout près de 2 millions de victimes.

5 Juillet 1943 : Front de l'Est : Bataille de Koursk oppose du 5 juillet au 23 août 1943 les forces allemandes aux forces soviétiques dans le Sud-Ouest de la Russie, sur un immense saillant de 23 000 km^2 au Nord de l'Ukraine, entre Orel au nord et Belgorod au sud. Il s'agit de la plus grande bataille de chars de l'Histoire et finit sur la victoire de la Russie contre la Wehrmacht.

Juillet 1943 : Campagne d'Italie : Les alliés débarquent en Sicile. Le 24 Juillet 1943, Benito Mussolini est incarcéré par le roi Victor Emmanuel III. C'est le début des négociations de reddition de l'Italie.

8 Septembre : A la suite des négociations entre le gouvernement italien et les Alliés, Eisenhower et Badoglio annoncèrent presque simultanément la signature d'un armistice. En réaction, les Allemands prennent rapidement le contrôle de la situation en Italie et se préparent à arrêter la progression alliée au sud du Latium.

28 Novembre 1943 : Conférence de Téhéran : Première rencontre réunissant Churchill, Roosevelt et Staline, soit les trois principaux dirigeants des Alliés. Une décision politique et deux décisions militaires importantes y furent prises :

- Le principe d'un démembrement de l'Allemagne, d'un partage de l'Europe en zones d'influence et du déplacement de la Pologne vers l'ouest ;
- Le rejet par Staline et Roosevelt du projet britannique d'offensive par la Méditerranée et les Balkans ;

- L'organisation d'un débarquement en Normandie en juin 1944.

CHAPITRE 6

L'arrivée des Russes sur l'Oder

- Neurudnitz, 1944 -

6.1_ Récit personnel

> *"Bien plus tard, **en fin 1944**, Nous sommes envoyés à NeuRudnitz sur l'Oder, à la frontière polonaise, sur la rive occidentale car de l'autre côté se trouvent les russes."*

L'Oder descend dans le Sud-Ouest de la Pologne, puis il est rejoint par la rivière *Neisse* et constitue alors l'actuelle frontière naturelle entre l'Allemagne et la Pologne, jusqu'à son embouchure sur la lagune de Szczecin, qui donne sur la mer Baltique. C'est le deuxième plus long fleuve polonais après la Vistule.

> *"J'appris que les russes avançaient très vite d'ailleurs. Des mongoles et des sibériens, ils piquaient toutes les montres à tout le monde. Il va sans dire que nous ne les avons pas attendus car la veille de notre départ de NeuRudnitz, des troupes allemandes étaient rappelées pour renforcer le front de l'Oder.*
>
> *Il y avait des jeunes soldats qui couchaient par terre dans la chambre qui nous étaient affecté à Eugène VERDIER et à moi. Nous étions partis nous coucher dans le kommando qui était une écurie désaffectée."*

"Les allemands étaient tout crotté, plein de gadoue. Parmi eux, il y en avait qui, coucher à même le carreau, pleuraient. Ils sentaient bien que c'était fini pour eux, la glorieuse armée allemande. Vaincu par les alliés et les "unter menschen" (les sous humains dans leur langage)

Envoyé à Wriezen, petite ville de la grande banlieue nord, nord-est de Berlin, je suis affecté à un dépôt."

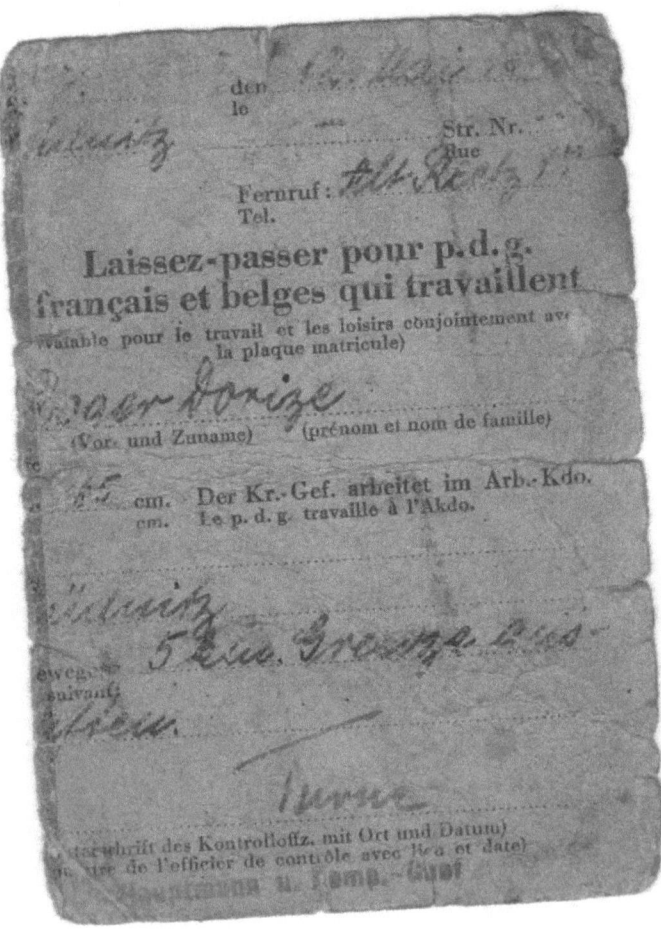

> *"Dans cet endroit, il y avait eu de la rapine sur les envahisseurs en France et aux alliés : Des sous-vêtements féminin, des combinaisons de soie, des slips, des bas de soie, des rouleaux et des coupons de soie de tous les couleurs, "made in France". J'ai fait la distribution aux autochtones de la ville (aux femmes naturellement) en contrepartie, elles me donnaient du ravitaillement.*
>
> *Mais cela n'a pas duré, un beau jour, je suis parti en corvée avec d'autres gredins pour continuer à faire des tranchées sur la rive gauche de l'Oder, à NeuRudnitz ; de l'autre côté, se trouve l'armée russe."*

Le Pont Siekierki – Neurüdnitz est un pont situé à Neurüdnitz qui existe depuis 1892. Durant la seconde guerre mondiale, ce pont sert de ravitaillement aux troupes allemandes situées sur le front de l'Est Ce pont était un point stratégique de défense de l'armée allemande pour empêcher l'avancée de l'armée russe sur le territoire allemand.

> *"Nous devons creuser des tranchées pour les troupes allemandes. Nous sommes encadrés par des S.S. Cela à durée une semaine environ, nous étions sans cesse mitraillé par l'aviation russe qui s'en foutait éperdument que l'on soit des prisonniers de guerre ! Alors dans notre trou, on mettait notre pelle sur notre tête pour nous protéger. C'était bien une illusion d'autodéfense. Ils sont venus en rase-motte et ont mitraillés une maison d'un étage puis une ambulance.*
>
> *On se précipite après leur départ, l'ambulance était percée de par-en-par, le sang coulait. On décide d'ouvrir et on s'attendait à trouver quelques cadavres, non ! c'était juste une vache tuée naturellement qu'ils devaient transporter pour le ravitaillement."*

> *"Les derniers jours où je suis allé faire des tranchées, les russes ont mis le paquet. On était à peine installé pour faire le terrassement, toujours sous la surveillance de quelques officiers avec leurs meilleures mitraillettes, qu'un français avait une envie de faire ses besoins naturels. Il s'avance un peu plus vers la rive, baisse son froc et tourne le dos aux russes et leur montre la lune.*
>
> *Ils devaient être très susceptibles de l'autre côté car aussitôt, nous sommes tirés aux mortiers. En quelques secondes, il y avait une poussière indescriptible. VRRR, VRR les obus de mortiers tombaient.*
>
> *Les russes nous tirent avec les orgues de Staline, ainsi qu'au mortiers. Mais les obus tombent de tous les côtés, je sors de la tranchée pour sortir du secteur pilonné. Juste derrière moi, l'officier allemand suit mon exemple. On ne voit plus rien tellement la terre est remuée. Nous sommes dans un brouillard de poussières."*

Les orgues de stalines ou *Katioucha*. Elles étaient surnommées par les Allemands « orgue de Staline » (*Stalinorgel*) à cause notamment du rugissement très caractéristique que chaque roquette produisait lors de son tir. De plus, le fait que celles-ci soient disposées en rangée sur un châssis de camion, pouvait effectivement faire penser à un ensemble de tuyaux d'orgue. L'ogive était chargée à l'explosif brisant, parfois pré fragmentée. La portée de tir des *Katioucha* était d'environ 8 km et chacune avait un rayon de destruction au sol d'environ 20 m.

> *"Les schleus derrière nous, qui étaient cachés à l'abri, par un grand talus qui protège des inondations en cas de monté des eaux, se mettent à gueuler "Couchez-vous !"*

"Tu parles que nous avions plutôt envie de nous tirer de cet enfer. Je me relève et je fonce derrière moi, où se trouve le feldwebel (sous-officier allemand). Il ne traine pas non plus. Je l'entends presque prier son dieu Hitler ou le maudire, je n'en sais rien...

Il va sans dire "qu'il y a de la casse", quelques blessés, quelques morts, surtout chez les sentinelles allemandes. Quant à moi, à la sortie de la tranchée que j'escaladais avec toujours mon schleu au cul, un éclat de shrapnell a cisaillé mon ceinturon de cuir ; j'ai cru que c'était l'officier allemand qui me poussait pour sortir du tranché.

Un peu plus loin, un autre éclat de mortier tombe à quelques mètres de moi, traverse ma botte russe en peau souple que j'avais eu en Ukraine et me rentre dans le tibia droit. Cela brûle mais je ne m'attarde pas. Je me relève aussitôt.

Nous aidons à sortir les éclopés de cet enfer de feu, puis, en douce, profitant de la confusion générale, je me sauve. J'atteins la cornée d'un bois qui se trouvait à environ cent mètres. Un copain vient m'aider à me faire un pansement mais le sang coule à peine. (Cet éclat, je devais le sortir qu'en 1950 lors d'une visite chez mon docteur de Boissy-Saint-Léger).

Enfin, après pas mal de marche à pied, surtout la nuit, je tombe dans les lignes américaines du côté de Rheinberg.

Mars/Avril 1945 : *Profitant de la confusion générale, je m'évade et rejoins les lignes américaines à Rheinberg (Allemagne), ou nous sommes parqués pour un contrôle d'identité."*

"Mis dans un camp de contrôle et de transit (je possède photos), je rentre par la Hollande et la Belgique et j'arrive à Lille. Là, on me délivre un titre de transport pour Paris, c'est dans un camion GMC que je conduis, que je transporte à l'arrière d'autres camarades.

12-05-1945 *: Démobilisé à Paris, je suis arrivé par la ville de Lille (Nord) avec un camion américain."*

FIN

P.S. : Il est bien normal que je ne sois pas entré dans les détails dont mes camarades disciplinaires ainsi que moi-même avons été témoins durant la période 1942 à début 1945, pendant l'avance des russes et la rétracte des allemands, étant, nous même presque constamment en 1ere ligne car nous formions l'arrière garde avec les troupes allemandes, c'est à dire que nous avions toujours les russes dans le ... dos !"

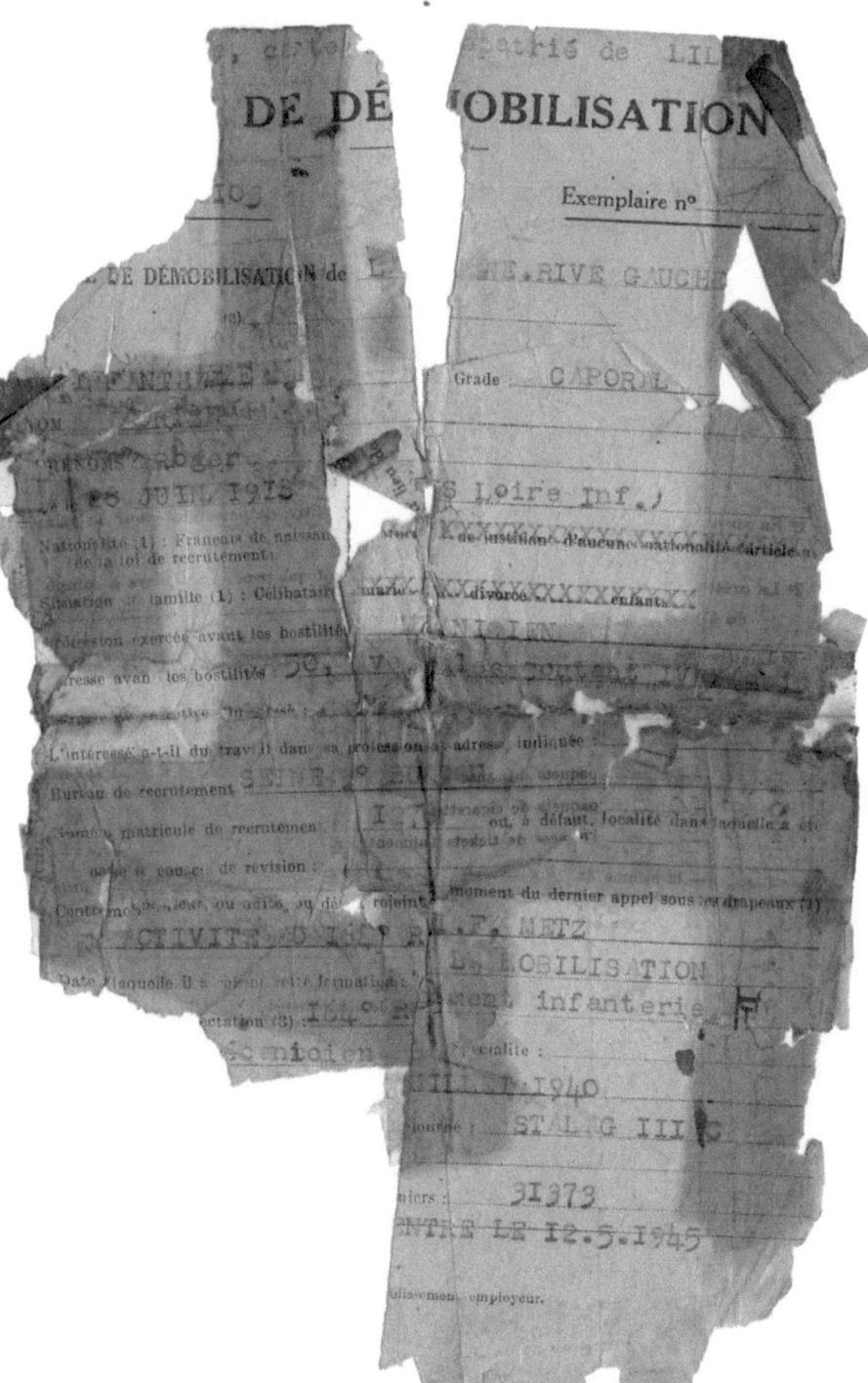

Attestation de M. PÉZI Henri :

- <u>Titres d'anciens combattant</u> : Prisonnier de guerre 5480 Stalag III C, déporté au camp de représailles de Rawa-Ruska pour évasions (camp 325).

"Je soussigné M. PÉZI Henri, né le 17-05-1916, demeurant Sente de la Gillote Chantepire, La Houssaye 77610. Ex prisonnier de guerre matricule 5480, Stalag III C, interné au camp de représailles 325 Rawa-Ruska et ses camps disciplinaires en dépendants, Tarnopol et Lemberg (Lvow). Gardé militairement, j'atteste sur l'honneur que mon camarade DORIZE Roger, matricule 31373 Stalag VII A et III C, a bien séjourné dans ces camps du 15 mai 1942 à Décembre 1942 pour fait d'évasions. Mon camarade m'avait fait part qu'en cas de réussite d'évasion, il rejoindrait les Forces Françaises Libres.

En octobre 1942, nous fûmes transférés au camp de Tarnopol (Ukraine) dépendant de Rawa-Ruska. Réquisitionnés ensemble, parmi d'autres camarades, pour faire disparaître le camp désaffecté de russes n°307 ; ces derniers ayant été en partie exterminés par le Typhus et par les S.S. (Samuel Barak). Nous dûmes comblés des fosses et enterrer les restes en décompositions de ces malheureux dans une puanteur effroyable ; DORIZE Roger, TALLIÉ Albert et moi-même, ainsi que d'autres camarades, eurent la dysenterie aigue.

Par la suite, DORIZE fit une rechute pulmonaire (infirmerie) lorsqu'il ressortie, il fit "la pelote" avec nous et pour refus d'obéissance, reçut un coup de baïonnette dans l'arrière de la cuisse droite. Transférés à Lvow-Lemberg (Pologne) DORIZE, TAILLÉ et AZÉMA partirent à Biala-Podlaska.

Fin décembre 1942, nous fîmes du même convoi qui rentrait en Allemagne à Küstrin III C. Mon camarade DORIZE Roger, a été ramené du camp de représailles 325 dans le même convoi que moi et envoyé ensemble au Kommando disciplinaire 990 Scheltofffabrik. Séparés à nouveau, nous nous retrouvons fin 1944, début 1945 près de Wriezen et Bad Frienwalde au bord occidental de l'Oder pour faire des tranchées en premières lignes ; gardés par des S.S.

L'artillerie russe qui est sur l'autre rive à quelques centaines de mètres nous tirent dessus ; il y a des blessés DORIZE reçoit un petit éclat devant du tibia droit, cela fait une boursouflure rose comme une brûlure. Puis ce fut la débandade et tout le monde ficha le camp. Nous nous sommes retrouvés par hasard, au début de 1978.

Je déclare ces faits exacts et authentiques, en fait de quoi, je lui délivre cette présente attestation."

Fait à Sucy en Brie, le 14 février 1979

"P.S. : D'autres part, je me souviens qu'en début Juillet 42, DORIZE a été transporté à l'infirmerie de Rawa-Ruska pour sévices qu'il avait reçu par des sentinelles des coups de crosses au visage, poitrine et au ventre."

Attestation de M. TAILLÉ Albert, Louis :

- <u>Titres d'anciens combattant</u> : Prisonnier de guerre Stalag I A Prusse orientale, matricule n°24616 FZ

- <u>Autres titres</u> : Carte d'ancien combattant n°707589, carte des évadés, carte d'interné résistant n°120131507 délivré par le ministre des A.C., rue de Bercy, Paris. Carte des combattants volontaire de la résistance n°186510.

- <u>Distinctions honorifiques</u> : Médaille franco-britannique n°39122, médaille des évadés, médaille de la résistance, médaille de combattants volontaires de la résistance, diplôme d'honneur anglais pour services rendus aux alliés n°3729 - le 12/12/1952.

"Je soussigné TAILLÉ Albert, demeurant 3 Place de la Liberté 66200 à laTour Bas-Elne, ex prisonnier de guerre n°2451 Français, prisonnier Stalag I A Prusse Orientale allemand n°24616. Déporté et interné pour évasion au camp de représailles de Rawa-Ruska 325 en Ukraine début Juin 1942.

C'est là que j'ai connu DORIZE Roger n°31373 Stalag VII A déporté interner pour récidives d'évasions, plus tard, il fit un séjour à "l'infirmerie" pour une pleurésie.

Quand il fut ressorti et eu une altercation avec les gardiens S.S. en fait de quoi, ils le rouent de coups de crosse de la tête au corps. Nouveau séjour à "l'infirmerie" lorsqu'il en ressortis nous fimes transférés en fin octobre 1942 dans le camp de Tarnopol dépendant de Rawa-Ruska, mais plus à l'Est, c'est à dire plus loin en Ukraine.

Réquisitionné avec d'autres camarades, car les russes avançaient. nous devions faire disparaitre le camp Russe 307 ainsi que la "Samuel Baraque"; le typhus et les russes avaient été achevés par les S.S. Nous devons enterrer les cadavres en décomposition très avancés de ces malheureux !

A la suite de cela, DORIZE Roger, PÉZI Henri, AZEMA André et bien d'autres, ainsi que moi-même eurent la dysenterie et des coliques épouvantables. Roger DORIZE refit un séjour en infirmerie pour une bronchite pleurésie.

Quelques temps plus tard, nous fûmes employés au transport des briques des maisons en ruine. Mon camarade était en tête, étant donné qu'il connaissait l'allemand assez bien. Alors que nous avions les briques sur les bras, la sentinelle nous faisait faire la "pelote" pour refus d'obéissance. "Coucher ! debout !" Au bout d'un moment, DORIZE Roger que parmi les copains ça peinait, refuse de se coucher et continue à marcher. La sentinelle lui envoie un coup de baïonnette dans la cuisse droite.

Ensuite, nous fûmes transférés à Lvow, puis à Biala-Podleska en dessous de Varsovie pour casser des cailloux sur la route qui y menait. Fin décembre1942, retour en Allemagne à Mülhberg.

Puis à Küstrin, au Kommando disciplinaire Stalag III C à AltDrewitzStraff Kompagnie 990. Mon camarade m'avait fait part que en cas de réussite d'évasion, il rejoindrait les Forces Françaises Libres. Mon camarade DORIZE Roger a été ramené au camp de représailles dans le même convoi que moi et envoyé ensemble au Kommando de Krüstrin.

Séparés à nouveau, nous nous sommes retrouvés à Vriezen et Bad FrienVald à l'Est de Berlin sur les bords de l'Ode, à l'Est occidentale pour faire des tranchées destinées aux S.S. en première lignes.

Les russes sont à quelques centaines de mètres sur l'autre rive, on les voit bien ! Ils nous tirent dessus avec leurs mortiers et "les orgues de Staline". Il y a des blessés et des morts, DORIZE Roger au tibia droit par un éclat, ce qui fit une vilaine boursouflure rose, puis violette. C'est la débandade parmi les gardiens SS. et aussi parmi les prisonniers disciplinaires, nous nous dispersons tous ! ce fut la déroute, le recul, le sauve-qui-peut.

Perdu de vue, nous nous sommes recherchés après bien des difficultés de la vie. Je ne revis DORIZE Roger qu'en 1978, à la faveur d'une enquête parfaitement effectuée par ses soins. Je déclare sur l'honneur, ces faits exactes et authentiques à la suite de quoi, je lui délivre la présente attestation. Pour faire valoir ce que de droit."

Fait à LaTour Bas-Elne, le 12 décembre 1985

6.2   Rappels historiques

Novembre 1943 : Front de l'Est : L'armée rouge progresse vers l'Ouest et entre à Kiev en Ukraine.

Janvier 1944 : Front de l'Est : L'armée rouge libère Leningrad.

4 Juin 1944 : Campagne d'Italie : Après de longs mois de combats par les troupes allemandes au Mont Cassin, Rome est libérée par les forces Alliés.

6 Juin 1944 : France : Opération OVERLORD Débarquement en Normandie. 4 126 navires alliés réussissent le plus grand débarquement de l'Histoire sur les plages de Normandie, prenant les Allemands par surprise et ouvrant enfin le second front.

15 Aout 1944 : France : Débarquement de Provence. Opération militaire de débarquement dans le Sud-est de la France, entre Toulon et Cannes.

22 Juin1944 : Front de l'Est : Opération BRAGATION Offensive de l'Union Soviétique qui durera jusqu'au 19 Aout 1944 pour libérer la Biélorussie. C'est la plus grande défaite de la Wehrmacht et de l'histoire militaire allemande, avec environ 450 000 soldats perdus et 300 000 autres encerclés.

20 août 1944 : Front de l'Est : le front roumain cède, la Roumanie et la Bulgarie passent dans le camp des Alliés, le 8 septembre 1944.

25 août 1944 : France : Libération de Paris par les forces alliées mettant fin à quatre années d'occupation de la Capitale.

Mi-septembre 1944 : Libération d'une partie de la France et de la Belgique.

Noel 1944 : Bataille des Ardennes. Combats qui dureront dans le climat rigoureux de l'hiver jusqu'en Mars 1945.

12 janvier 1945 : Front de l'Est : Offensive Vistule-Oder. Cette offensive permet aux forces soviétiques partant des rives de la Vistule d'atteindre l'Oder, la Neisse et de s'approcher à 70 km de Berlin. Elle combine deux offensives. La première au sud du dispositif est lancée le 12 janvier 1945. Elle vise la Silésie, Breslau et la Neisse. Elle permettra notamment la libération du camp de concentration d'Auschwitz. La seconde au nord du dispositif démarre le 14 janvier 1945. Elle se développe en direction de Berlin et du cours inférieur de l'Oder.

30 Avril 1945 : Front de l'Est : Arrivée des soviétiques à Berlin.

8 Mai 1945 : Capitulation du troisième Reich et des forces de la Wehrmacht ; reddition l'Allemagne nazie.

RECHERCHES ET CORRESPONDANCES

Pour compléter le récit de mon grand-père et certifier ses aventures dans les territoires hitlériens, j'ai fait mes propres recherches et, ai pu m'entretenir avec les agents administratifs en Allemagne.

Sans une once de questions, et d'une rapidité exemplaire, ces derniers m'ont apporté les réponses à mes questions ainsi que les documents dont j'avais besoin pour mes recherches.

Je vous mets la traduction de ces demandes et réponses en face de chaque échange ainsi que les documents découverts datant de cette époque qu'ils m'ont envoyés.

Par la suite, se trouve les correspondances (les plus importantes et les plus intéressantes surtout) entre mon grand-père et ses camarades retrouvés plus tard. Tout cela en dit long sur leur passé dans les camps, leur vie après ces drames, les associations militaires de l'après-guerre et ceux qui les côtoie.

Échanges de mails avec la KriminalPolizei de Leipzig

Hallo meine Damen und Herren,

Ich bin derzeit Franzose und suche nach Informationen über meinen Großvater während des Zweiten Weltkriegs.
Ich weiß, dass er im 1942 einen Aufenthalt in Leipzig in einem Zivilgefängnis verbrachte.
Außerdem würde ich gerne wissen, ob Sie in dieser schwierigen Zeit noch über Ihre Kriminalarchive verfügten und/oder wissen, wo ich sie finden konnte.

Ich gebe Ihnen seine Informationen
DORIZE ROGER Philippe,
geboren am Juni 1918 in Nantes in Frankreich.
braun, 1m60, blaue Augen

Geschichte: Nach seiner Flucht am 16. April 1942 wurde er in der Nähe eines Bahnhofs in Leipzig wieder gefangen genommen und im Leipziger Polizeigefängnis Kriminal inhaftiert, wo er einer gerichtlichen Identifizierung (Foto, Größenabdrücke...) unterzogen wurde, bevor er nach Rawa geschickt wurde. Ruska und Tarnopol in der Ukraine.

Ich suche Informationen zu seiner Reise mit Ihnen, also konkrete Verwaltungsspuren, die seinen Aufenthalt hier belegen würden.
Wenn Sie Informationen über meinen Großvater haben, würde ich mich sehr freuen, wenn Sie mir diese zusenden würden.

Ich danke Ihnen im Voraus für Ihre Antwort.

Herr ERDMANN Ulrick, sein Enkel.

Traduction

"Bonjour mesdames et messieurs,

Je suis actuellement français et je recherche des informations sur mon grand-père pendant la Seconde Guerre mondiale.
Je sais qu'il a passé un séjour à Leipzig dans une prison civile en 1942.
J'aimerais également savoir si vous aviez encore vos archives criminelles pendant cette période difficile et/ou savoir où je pourrais les trouver.

Je vous donne ses informations :
 DORIZE ROGER Philippe,
Né en juin 1918 à Nantes, France.
Marron, 1m60, yeux bleus

Histoire : Après son évasion le 16 avril 1942, il fut retrouvé près d'une gare de Leipzig, capturé à nouveau et incarcéré à la prison de police de Kriminal à Leipzig, où il fut jugé a fait l'objet d'une identification (photo, tirages de dimensions...) avant d'être envoyé à Rawa-Ruska et Tarnopol en Ukraine.

Je recherche des informations sur son voyage avec vous, c'est à dire des traces administratives concrètes qui prouveraient son séjour ici.
Si vous avez des informations sur mon grand-père, je serais très heureux si vous me les envoyez.

Merci d'avance pour votre réponse.

 M. ERDMANN Ulrick, son petit-fils."

Pol L Stabsstelle Kommunikation - Polizei <kommunikation.pdl@polizei.sachsen.de>

lun. 9 déc. 13:49

Sehr geehrter Herr Erdmann,

Ihre o. g. Anfrage ist in der Polizeidirektion Leipzig eingegangen und wurde der Stabsstelle Kommunikation unter Vergabe des o. g. Geschäftszeichens zugeleitet. Sie fragen an, ob die Polizeidirektion Leipzig im Besitz von Informationen (Archivdaten) über einen Aufenthalt Ihres Großvaters (1942) in Leipzig ist.

Die Polizeidirektion Leipzig hat am 4. Oktober 1990 ihre Arbeit aufgenommen und verfügt nicht über die angefragten Informationen. Ihr Auskunftsersuchen müssen wir daher abschlägig beantworten, wofür uns nur die Werbung um Verständnis bleibt.

Alternativ können Sie eine unverbindliche Anfrage an das Sächsische Staatsarchiv, 01097 Dresden, Archivstraße 14 richten. Ein entsprechendes Kontaktformular finden Sie unter folgendem Link im Internet

https://www.archiv.sachsen.de/anfrage-stellen-9215.html

Überdies erreichen Sie das Sächsischen Staatsarchiv unter der Mailadresse poststelle@sta.smi.sachsen.de

Die Polizeidirektion Leipzig bedauert, Ihnen in der Sache nicht weitehelfen zu können. Wir wünschen Ihnen für die Zukunft alles Gute und viel Erfolg für Ihre Recherchen.

Mit freundlichen Grüßen. im Auftrag.

Traduction

"Cher Monsieur Erdmann,

Votre demande mentionnée ci-dessus a été reçue par la police de Leipzig et transmise au service de communication avec le numéro de référence mentionné ci-dessus. Vous demandez si la police de Leipzig dispose d'informations (données d'archives) sur le séjour de votre grand-père à Leipzig (1942).

La police de Leipzig a commencé ses travaux le 4 octobre 1990 et ne dispose pas des informations demandées. Nous devons donc répondre négativement à votre demande d'information, pour laquelle nous ne pouvons que chercher à comprendre.

Vous pouvez également envoyer une demande <u>sans engagement</u> aux Archives de l'État de Saxe, 01097 Dresde, Archivstraße 14. Vous trouverez un formulaire de contact correspondant sur Internet en utilisant le lien suivant

https://www.archiv.sachsen.de/anfrage-stellen-9215.html

Vous pouvez également contacter les Archives de l'État de Saxe à poststelle@sta.smi.sachsen.de

La police de Leipzig regrette de ne pouvoir vous aider dans cette affaire. Nous vous souhaitons tout le meilleur pour l'avenir et beaucoup de succès dans vos recherches.

Cordialement"

Recherche nach Dorize, Roger Philippe

Ihre E-Mail vom 10.12.2024

Sehr geehrter Herr Erdmann,

wir konnten bei der Recherche in unserem Archivinformationssystem, welches die elektronisch erschlossenen Archivalien umfasst, leider keine Fundstellen zu Roger Dorize feststellen. Eine polizeiliche Strafakte ist zu ihm somit nicht überliefert.

Allerdings war in dem im Bestand 20031 Polizeipräsidium Leipzig verwahrten Namensverzeichnis des Polizeigefängnisses Leipzig für den Jahrgang 1942 der Eintrag zu ihm zu ermitteln; Sie erhalten diesen anbei als Scan (Quelle: 20031 Polizeipräsidium Leipzig, PP-S 8549).

Mit dem Eintrag im Namensverzeichnis war die Ermittlung des Eintrages im Gefangenentagebuch des Polizeigefängnisses Leipzig möglich, da die Nummer aus dem Namensverzeichnis die laufende Nummer im Gefangenentagebuch ist. Sie erhalten deshalb auch diesen Eintrag als Scan (Quelle: 20031 Polizeipräsidium Leipzig, PP-S 8522).

Nach den Angaben im Gefangenentagebuch wurde Roger Dorize am 17.04.1942 in das Polizeigefängnis Leipzig gebracht (siehe Spalte 9) und am 21.04.1942 in das Arbeitslager Brüx verlegt (siehe Spalten 10 und 11). Zum Grund der Inhaftierung ist lediglich „entwichen" angegeben; weitere Hinweise dazu konnten wir nicht ermitteln.

Mit freundlichen Grüßen

Traduction

"Cher Monsieur Erdmann,

Malheureusement, nous n'avons trouvé aucune référence à Roger Dorize lors de nos recherches dans notre système d'information d'archives, qui comprend les documents d'archives indexés électroniquement. Il n'existe donc aucun casier judiciaire le concernant.

Cependant, l'inscription le concernant se trouvait dans la liste nominative de la prison de police de Leipzig pour les personnes nées en 1942, qui était conservée au quartier général de la police de Leipzig en 20031 ; Vous le recevrez en pièce jointe sous forme de scan (source : 20031 Préfecture de police de Leipzig, PP-S 8549).

Grâce à l'entrée dans le répertoire des noms, il a été possible de déterminer l'entrée dans le journal des prisonniers de la prison de police de Leipzig, car le numéro du répertoire des noms est le numéro séquentiel dans le journal des prisonniers. Vous recevrez donc également cette entrée sous forme de scan (source : 20031 Préfecture de police de Leipzig, PP-S 8522).

Selon les informations du journal du prisonnier, Roger Dorize fut emmené à la prison de police de Leipzig le 17 avril 1942 (voir colonne 9) et transféré au camp de travail de Brüx le 21 avril 1942 (voir colonnes 10 et 11). La seule raison invoquée pour justifier la détention était « l'évasion » ; Nous n'avons pas pu trouver d'autres informations à ce sujet.

Cordialement"

Lfd. Nr.	Zu- und Vorname des Gefangenen, Beruf, Wohnort, bei Ausländern Staatsangehörigkeit	Geburtstag	Geburtsort	Familienstand	Bekenntnis	Grund der Einlieferung	a) Aufnahmeverfügung, Haftbefehl usw. (Behörde, Datum, Aktenzeichen) b) einliefernde Stelle
1	2	3	4	5	6	7	8
6081						IV D 2 1/141	Stapo
82							
83							
84							
85							
86							
87	Dorize Roger fz. Kriegsgef.	28.6. 18	Franzos. Nantes			untersuchen	a) KdPO Wünsch b) 21. Nov
88							
89							
6090							

...lieferung			Beendigung der Haft			Grund der Haftbeendigung	Nummer im Verzeichniß der abgenommenen Gegenstände	Abgelieferte Gelder und Wertsachen	Bestätigung der Richtigkeit aller Angaben u. der in Sp. 13 aufgeführten Gegenstände durch den Gefangenen	Haft-tage	Bemer-kungen
Monat	Jahr	Stunde	Tag	Monat	Jahr	Stunde					
9			10			11	12	13	14	15	16
4.	42	14⁴⁵	21.	4.	42	12	Unt. Haft I					
4.	42	16	24.	4.	42	11	Ravensbrück					
4.	42	16	24.	4.	42	11	Pol. Gef. Berlin					
4.	42	16	25.	4.	42	6	Haftkrankenhs. Ölsnitz/V					
4.	42	16³⁰	2.	5.	42	6	Mathausen					
4.	42	18	18.	4.	42	11	Unt. Haft I					
4.	42	18³⁰	21.	4.	42	22	Arb. Lager Brüx					
4.	42	18³⁰	21.	4.	42	22	"					
4.	42	18³⁰	21.	4.	42	22	"					
4.	42	18³⁰	18.	4.	42	6	Pol. Gef. Chemnitz					

Tag des Zugangs	Zu- und Vorname des Gefangenen	Gefangenenbuch Nr.	Tag des Zugangs	Zu- und Vorname des Gefangenen	Gefangenenbuch Nr.
23.3.42	Dietrich, Kurt	4641	7.4.42	Dietrich, Walter	543
24.3.	Düben, Jaroslaw	4660	"	Dubronin, Wassil	552
"	Dvorak, Johann	4662	"	Dieker, Wilhelm	555
"	Dynybil, Franz	4673	"	Dörge, Heinz	556
"	Donat, Johann	4695	10.4.	Demmler, Hans	568
"	Dobratz, Fritz	4701	11.4.	Desbrosse, ?	5708
"	Donat, Johann		12.4.	Decosse, Paul	572
"	Doerer, Rudolf	4710	B.13.4.	Deussing, Gerhard	575
"	Dunys, Karl	4733	"	Derause, Maurice	576
"	Duprette, Francois	4755	14.4.	Drozaz, Jan	578
"	Firebek, Franzisek	4759	"	Dyczkowski, Stanislaw	582
27.3.	Dimka, Konstantin	4968	"	Dolezal, Johann	585
"	Drewes, Rudolf	4973	"	Dufek, Georg	58
30.3.	Dimitroff, Dimiter	5028	"	Dokupil, Hubert	592
31.3.	Figrin, Miroslaw	5194	15.	Dantovic, Jepan	597
"	Valjav, Radzo	5219	"	Danner, Kurt	598
"	Dyczko, Josef	5222	"	" Otto	59
"	Hebeling, Adolf	5230	16.4	Domijanski, Waclaw	599
"	Dannemann, Kurt	5099	"	Dimitroff, Dimiter	600
"	Duschnyj, Petro	5162	"	Deska, Anton	601
			17.4.	Dietrich, Walter	606
			17.4.	Doritze, Roger	60
			18.4.	De Dysker, ?	613
2.4.42	Doctermann, Ernst	5301	20.	Droszcz, Karl	618
3.4.	Dykierski, Fritz	5340	21.4	Dorn, Paul	628
"	Denoyelle, Roger	5341	"	Ludek, Raymund	630
5.4.	Denicowski, Georg	5362	"	" Oktbart	630
7.4.	Dostalek, Josef	5435	"	Dobrinski, Sigismund	6353

Correspondance de Père CORBE Jean-Marie :

"Cher vieux copain,

Ton nom, DORIZE, me dit quelque chose, mais je ne vois plus du tout ta bobine !

J'ai rejoint le B.A.B. 27 à Bochum, en Aout 1941 et je l'ai suivi à Brüx au mois de février 42 ; j'étais aumônier de la 3ème compagnie et il y avait un autre prêtre à la 1ère compagnie à Herne, le petit père Blandin.

Je me souviens de cette évasion du 17 Avril 42 (je ne me rappelais plus exactement la date !) et des complications qu'elle nous occasionna. Comme il y eut des copains pour aller répondre à l'appel en passant par la fenêtre, afin d'occuper les places vacantes, je crois me rappeler que les allemands ne s'aperçurent de votre départ qu'après au moins une journée entière... Malheureusement, vous n'aviez pas tout prévu, puisque vous avez été repris !

Le bataillon 27 n'était pas un Kommando seulement de Bretons, car il y avait des copains d'autres régions, comme notre homme de confiance de la 3ème Kompanie, qui était des environs de Pau et fervent du rugby ; mais les Bretons étaient les plus nombreux.

L'avantage d'appartenir à un "Bataillon volant" comme on disait, c'est que notre unité avait son autonomie : un Feldpost (secteur Postal) spécial, qui permettait d'avoir notre courrier à Brüx au bout de huit ou dix jours, alors que ceux du camp A ne le recevaient qu'après un mois environ, parce qu'il fallait passer par le stalag de Wistritz ; et puis nous avions notre "train spécial" pour nos déplacements avec de beaux wagons à bestiaux : hommes 40 - chevaux en long 8.

Et puis notre officier d'intendance et notre GerichtsOffizier (officier de justice) ; mais tu as dû comparaitre devant un autre ! Evidemment, je ne t'ai pas suivi dans tes autres Kommados, mais j'espère que ces quelques mots te feront plaisirs et te montreront que les anciens P.G. se souviennent.

Avec ma tout fraternelle amitié,

Bon souvenir aux anciens de Brüx 459 que tu pourrais rencontrer !"

Fait à Donville les bains, Décembre 1979

Correspondance de Père CORBE Jean-Marie (suite) :

"Cher vieux copains,

C'est prodigieux ce qu'une photo peut ressusciter de souvenirs en un moment ! Comme tu as effacé "à me retourner" c'est donc que tu me la donne ? je vais te donner des noms dont tu ne te souviens peut-être plus : juste à ta droite, au 1er rang, c'est TORTELLIER qui était huissier du côté de Montfort... Le grand, debout au 2ème rang, avec son crâne chauve c'est votre homme de confiance de la 1ère compagnie Marcel GREGOIRE, que je connaissais particulièrement car il était marié avec une camarade d'enfance de Sens-de-Bretagne. Le 3ème à partir de la droite au 2ème rang, c'est Jean OLLIVIER, votre "Sanitäter" = infirmier, sous-officier de carrière, il était très fier d'être le seul à avoir gardé son ceinturon !

A Brüx, j'étais logé avec les "sanitaires" à l'infirmerie du camp B, et son lit était proche du mien ! et de celui d'André BLANDIN. Il y a bien d'autres têtes que je connaissais ; mais quel nom mettre dessus ? J'ai bien reconnu la tienne, et je te "remets" parfaitement maintenant.

Faut-il que je te renvoie toutes les attestations que tu m'as adressée ou bien les garder ? Elles ne me serviront guère ! mais je me rends compte du travail qu'il faut pour constituer un dossier surtout après tout ce temps !

Tu me parles de cet interprète allemand, qui s'occupait des spectacle et qui était très chic: ce n'est pas **Ulrich**, mais HELLWIG, l'ami Jean HELLWIG, car il m'a aidé à me sortir d'affaire, moi aussi, lorsque l GerichtsOffizier (officier de justice) de Wistritz (IV C) voulut me faire des misères, au mois de Mai 43 - tu n'étais plus là ! oui, HELLWIG était "critique musical" de profession et il m'a dédicacé un travail qu'il a écrit sur Romain ROLLAND; il était ami personnel de Richard STRAUSS, l'auteur du "Chevalier à la Rose" et c'est lui qui venait toujours pour contrôler les cérémonie religieuses.

Quand je le voyais là, je savais que je pouvais dire autre chose que ce que j'avais donné à viser aux autorités le dimanche suivant, et l'on me donnait le "Geprüft". Mais avec HELLWIG, je n'hésitais pas à me livrer à l'improvisation. Nous avions, par exemple, un couplet de cantique que je faisais volontiers chanter par l'assemblée quand il était là, car ça l'amusait beaucoup ;

Air : Je suis Chrétien :

Je suis Chrétien, j'ai pour bannière
La croix de mon divin sauveur :
Mes ennemis me font la guerre,
Mais je rie de leur fureur...

Tu comprendras que leur "fureur" devenait facilement leur "FÜHRER" et tout le monde chantait avec enthousiasme ! Je t'envoie donc l'attestation que tu me demandes : j'espère qu'elle t'aidera à obtenir les résultats que tu poursuis et je te redis ma toute fraternelle amitié,"

J.M. CORBE

"Merci pour les adresses, en particulier celle de Roger LABAS : il était Sanitaire de la 3ème compagnie, et nous avons vécu ensemble près de trois ans !"

Correspondance de M. LABAS Roger, François Marie :

"Cher camarade,

J'ai bien reçu ta lettre du 04/02/80 me demandant de te fournir des renseignements au sujet de ton évasion de Brüx. Je te suis reconnaissant de t'adresser à moi car depuis mon retour d'Allemagne, il y a beaucoup de copains qui m'ont écrit pour fournir une attestation afin de certifier ce qui s'est passé exactement, aussi bien pour reconnaissance de maladies et pour évasions. En principe, ils ont tous réussis à obtenir ce qu'ils voulaient. Alors je te souhaite que cela soit pareil pour toi. Dans tous les cas, fait moi connaitre le résultat de tes démarches et n'hésite pas si tu as besoin d'autres papiers à me le faire savoir.

Ci-joint, les attestations que tu m'as demandées ainsi que des photocopies qui peuvent te servir. Je te retourne les papiers que tu m'as envoyé afin que ceux-ci puissent te servir ! ainsi que la photo.

Après avoir lu celle-ci, après 40ans, j'ai reconnu PENVEM, mais je n'ai pas ..., et pourtant je voudrais bien revoir ce copain car il m'a écrit pour un certificat de maladie contractée en captivité et je n'ai pas eu la réponse mais je crois qu'il a eu satisfaction.

Moi-même, j'ai été très malade de "tuberculose" avec sanatorium et pneumo. J'ai rechuté 2 fois. Maintenant ça va. Retraité des hôpitaux parisiens, surveillant général et dans mon pays à Molac depuis 1968 ou je suis heureux comme tout. Evidemment, du fait que tu me connais, je ne suis pas resté sans m'occuper des copains anciens combattants, aussi, je suis président de mon pays.

J'ai réussi à retrouver 22 camarades de Bataillon 27 et nous avons fait un repas avec nos épouses- crois moi que cela fait drôle de te revoir après 35 ans, aussi, nous avons tous décidés de recommencer cette rencontre tous les ans.

J'ai reçu des nouvelles de l'abbé CORBE et j'étais très heureux d'en voir. Si je peux je vais te faire parvenir la liste que j'ai retrouvé du bataillon 27.

Reçois, cher camarade et ami, l'assurance de mes sincères amitiés. Si tu as un accrochage pour tes papiers, fait moi le savoir.

A bientôt de te lire. Amitiés à ta famille."

LABAS Roger

LISTE DES ANCIENS PRISONNIERS DU BATAILLON 27

NOMS	ADRESSES	TEL.
PELLAN Léon	44 290 PIERRIC	
GASCOIN Yves	Pussac 44 290 GUEMENE PENFAO	
BREGEON Auguste	La Cadorais 44 590 DERVAL	81.71.72
HOUEIX Albert	56 220 PEILLAC	
HORAUX Alexandre	8bis, Rue Paul Chabas 44 100 NANTES	46.61.63
FOURNY Raymond	50, Rue du Petit Bel Air 44 300 NANTES	49.76.73
RAOUL Emmanuel	7, Rue Père Le Texier 56 300 NOYAL PONTIVY	38.31.29
MARSAC Alfred	La Corderaie 56 220 PEILLAC	91.22.78
BOYON Josephe	2, Rue Haute 56 380 GUER	22.00.72
PIHERY Joseph	Valescan 56 380 GUER	22.07.30
MORICE Xavier	Kerheret 56 PLUMELIN	60.14.21
ROHAN Camille	23, Rue Victor Basch 56 VANNES	63.20.24
LE NUEFF Albert	6, Rue du Pilori 56 230 QUESTEMBERT	26.62.46
HERCOUET Albert	La Croix Aux Moines 56 ROCHEFORT EN TERRE	
HOUEIX Gabriel	L'Epinette 56 220 PEILLAC	
JOUAN André	La Piltais 56 370 ALLAIRES	
LALOUE Albert	Rue de la Libération 44 590 ST VINCENT DES LANDES	81.14.28
LALOUE Roger	Le Calfour 44 590 LUSANGE	
BONNAMY Georges	3, Rue des Artisans LISIEUX	(16.31)62.23.63
CORBE Jean Marie	1, Rue Guy Moquet 50 350 DONVILLE LES BAINS	(16.33)50.08.26
DORIZE Roger Philippe	60, Rue de Sucy 94 470 BOISSY ST LEGER	569.08.08
SAMSON	33, Rue Pasteur VILLENEUVE LE COMTE	43.05.45
LABAS Roger	Beau Soleil 56 230 MOLAC	(16.97)26.51.87
DAGORNE Théo	Stan Ar Go 22 570 GOUEREC	29.05.98
VEZIER Jean	2, Rue du Beau Site 14 000 CAEN	(16.31)74.70.09
LOZACH Jean	65, Rue des Frères Brisson 14 160 DIVES SUR MER	
ECHELARD Ange	56 220 PELLAC	
MOUCHY Robert	56 220 PELLAC	
MAIGNIE André Pierre	21, Rue de Lescluze 94 270 KREMLIN BICETRE	(16.1)588.17.15
ROBELLARD Maurice	Rue du Bas Mesnil ST PIERRE DE COUTANCES 50 200 COUTANCES	45.25.50
CATHELIN Alphonse	3, Ave Max Dormoy 94 500 CHAMPIGNY/MARNE	

Correspondance de M. DORIZE Roger, à M. DENNIS :

"Bien cher Monsieur DENNIS,

Etant en déplacement en province, je n'ai pas répondu de suite à votre très aimable lettre qui me fait plaisir et dont je vous remercie très vivement.

Ce qui prouve bien qu'il n'y a pas de frontière pour les anciens combattants alliés et qu'un lien indestructible les unis tous comme au front de 39-45 ainsi que dans les conflits mondiaux précédents. Quant à moi, je suis né le 28 Juin 1918 à Nantes en Bretagne, par hasard car mon père était soldat sur les bateaux à l'époque..."

Correspondance de M. ANDRÉ Paul, Louis :

"Cher ami,

Je vais commencer la présente pour t'adresser quelques reproches. J'ai lu attentivement tes lettres des 20/11/78 et 19 mars 1979, je ne trouve aucuns "détails" sur les camps ou kommandos successifs.

...

Repris d'une seconde évasion le 26/10/1942 à Berlin, j'ai été pensionnaire du Stalag III B à Furstemberg, où j'ai fait mes onze jours de cachots pour évasion.

Le 25 décembre 1942, nous avions fait des chanfreins sur les chevrons de la baraque afin de faire des copeaux pour nous chauffer. Pour ce fait, à nouveau au cachot. Le 11 janvier 1943, départ pour Rawa, neuf jours de transport, sans presque de nourriture, à 48 par wagon. Difficultés pour les besoins (sec), arrivé à Rawa, block 4.

Inutile de te rappeler la vie à Rawa, un robinet d'eau avec un débit plus que défaillant pour 4000 bonhommes. car en main, après plusieurs heures d'attentes dans la queue, interrompus par le capitaine "Fournier" dit "Tom mix" cravache en main, avant l'accès au dit robinet. Appel de 6 à 8 fois par nuit agrémenté de quelques aboiements de molosses barbares.

Ici se place une anecdote : Suite à plusieurs appels "mit gipecks", passe sur le chemin de ronde un groupe de soldats allemands chantant "ali à l'eau". Le capitaine "Fournier" dit "Ils chantent bien nos zoldats", "on sait chanter aussi" répond un camarade. En chœur avec l'énergie de l'espoir, nous entamons "montagnes des Pyrénées".

"c'est bien" dit Tom mix mais vous ne connaissez que le-là. Nous chantons ensuite "dans le cul" (c'était risquer gros) et Tom mix se dit "Gut gut".

Ce fut ensuite Tarnopol avec l'hiver rigoureux 1942/43. Une baraque dont les carreaux des fenêtres étaient absents, menu invariable "Rutabagas pas cuit et sans Zals (sels). Pour éviter le percement des souterrains, latrines ayant bigues (froid) pour siège, en plein vent températures moins 37, exposition de nos fesses amaigries en plein air, vue de dos, maigres colombins peinons à voir le jour. C'est ici qu'empruntant la côte bleue du plombier polonais, le docteur PAINBLANC a joué la belle pas la porte du camp que nous devions quitter le lendemain.

La croix rouge envoyait entre autres des boîtes de cacao "bananao" avec un beau sénégalais sur l'étiquette. La distribution de "bananao" était toujours remplacée par un coup de sifflet. Vives protestations du camarade Thibaut, transporteur dans la région parisienne.

Toujours dans le cadre de l'ArbeitKommando, du Stalag 325, nous voici transférés à la Zitadelle de Lemberg (Lvow en polonais, Lyon en français) pour complicité d'évasion au docteur PAINBLANC (actuellement membre de l'U.N.E.G. qui pourrait attester des faits que j'affirme ici devant. Ce n'est pas tout de pas à moi de citer les camarades de misères que tu as connu au Stalag 325.

L'évadé pense à tout se qu'il voit, ce qui bouge ou ce qui vole pour retrouver la France. Un seul véhicule, celui des ordures sort de la forteresse. Organisé, nous sommes volontaires pour charger le camion. Un premier copain a une toile sous sa sapote, toujours posée sur les épaules même à la saison chaude. Un camarade donne une cigarette au "chleuh" afin qu'il se retourne. Après tirage au sort de la veille, le camarade désigné saute dans le véhicule, un second le recouvre de la toile, le troisième balance la musette de biscuits Pétain, le *convoi s'ébranle, mais il y a l'épreuve de la sortie où le barbare de garde pique le contenu du véhicule de sa baïonnette.*

Ce camp compte une anecdote, un polonais rentre avec une voiture attelée de deux chevaux. L'attelage ne ressortira qu'avec un seul quadrupède. Pauvre seconde bête, il a peiné pour mourir ? nous l'avons mangé après son passage "ad patres" (quand il est mort) - mais cru. C'est un cas d'espèce pour l'homme de droit, il n'y a pas de délit lorsqu'il s'agit de survivre. - Les naufragés de la méduses -

Enfin, les kommando x à Bremen de Hamburg d'où j'ai fui emportant ma Kartail (copie ci-jointe pour joindre à ton dossier)

...

Je rendrai donc réponse au congrès de Montpellier des 15-16-17 et 18 juin prochain où j'espère te rencontrer pour te tirer les oreilles.

Mes biens vives amitiés aux membres de ta famille et à tous les frères de l'U.N.E.G."

Fait à Vichy, le 12 mai 1979

Correspondance de M. DORIZE Roger, à M. CATHELIN Alphonse :

"Mon cher Alphonse,

Lors de ton aimable visite qui m'a fait un très grand plaisir, tu as omis de me laisser ton n° de téléphone, aussi lundi après-midi, je me suis permis de te faire une petite visite, hélas tu n'étais pas là. A part cela, j'espère que ta santé est bonne. Ainsi que celle de ta charmante épouse que nous espérons connaitre bientôt.

Mon cher Alphonse, j'ai montré à PICARD et à PANOSSIAN ton attestation ; ils l'ont trouvé très bien construite et m'ont demandé de t'amener à une de nos prochaines réunions car des gars comme toi, ça manque parmi nous et nous serions très heureux de t'avoir de temps en temps à notre réunion mensuelle. Naturellement si madame CATHELIN pouvait t'accompagner, cela serait très bien et ma femme se ferait un plaisir de lui tenir compagnie.

Mon cher Alphonse, je vais encore une fois faire appel à ton obligeance. J'ai essayé de faire photocopier ton attestation, malheureusement, il s'est avéré que l'encre bleue ne convenait pas. Les photocopies sont difficilement. Ma fille m'a dit qu'il fallait le faire à l'encre noire. Aussi, je te joins un crayon feutre noire pour si tu voulais bien me refaire la même sauf que tu devrais mettre en plus ton numéro de matricule et le numéro de ton Stalag d'origine. Surtout ne change rien au reste c'est bien ainsi.

Mon cher camarade, j'espère que tu ne m'en voudras pas de te demander ce supplément de travail. Tu vas peut-être penser que je suis casse-pied. Je ne tiens pas à te perdre. Tu es mon frère de misères, tu fais partie des miens ! et j'en suis fier, et je pense que toi aussi, tu peux être fier d'être mon ami. Cela dit, sans fausse modestie, j'ai comme toi, fait toujours ce que je croyais être mon devoir.

Enfin, mon cher Alphonse, n'oublie pas de me donner ton téléphone, si tu le veux bien naturellement, ma femme et mes filles, ce joignant à moi pour nous faire à tous deux une grosse bise.

à bientôt,

A mon ami Alphonse CATHELIN, avec toute ma sympathie,

Pensées d'évadé et de Rawa-Ruska."

Roger et Madeleine

"P.S. : Je t'envoie un bouquin qui t'intéressera, je te le donne, en souvenir de notre amitié."

Correspondance de M. DORIZE Roger, à M.POIRRIER Michel :

"Mon cher Michel,

Ayant connu un nommé un Michel Poirrier en 1938 au camp de Weckring, je pense que je suis sûre que c'est toi (je blague), je voulais imiter ton début de lettre !

Alors Michel, tu sais je t'ai cherché sur l'annuaire ; d'ailleurs, j'avais acheté tous les bottins des P.T.T. pour essayer de retrouver des copains, nos 20ans ; tu es le seul à m'avoir répondu ; à part bien sûr, des témoins de mes évasions et j'en suis content, car tu étais pour moi, le meilleur souvenir en tant que camarade de coucou et je t'assure que lorsque j'ai reçu ta lettre, pour moi, c'était ma fête ; j'étais tellement content.

J'espère que maintenant, le contact est fait et pour longtemps. Sur ta gentille lettre, tu me marque qu'il n'y a que les montagnes qui ne se rencontrent pas. oui mais nous nous devions obligatoirement nous retrouver nous sommes des petits tonneaux et les tonneaux ça roulent, toi 90kg et moi aussi, alors pour 1m70, c'est beaucoup ! Pour l'instant, je suis au régime.

En bref, ce qui m'a le plus étonné, c'est que tu sois resté encore 1 an dans le Coucousberg. Petit veinard (sic) ; je croyais que tout le monde était parti en Shleurie.

Sur ta prochaine lettre, rappel-moi S.T.P les noms des gradés et des camarades dont tu te souviens du nom ; car comme gradés, je me souviens des noms du : Capitaine ROCQUE, du Lieutenant DUTERTRE, de l'Adjudant-Chef MARTIN, Chef DROUET dit le petit coq ; pendant la guerre au coucou, il y avait aussi le médecin MAURIN ou MORIN, je crois.

Tu te souviens comment tu m'avais surnommé : "Bouscarat la valise", parce qu'à Paris à la Bastille, il y avait un bal rue de Lappe qui s'appelait Bouscat et moi, je soutenais que c'était Bouscarat; alors, les copains m'avaient charrié et pendant un moment m'avait surnommé comme cela.

Par ailleurs, j'étais content d'avoir reçu cette photo de GRIGY ; cela m'a fait tout drôle de nous voir les 6, ensembles. J ne me rappelais plus de cette photo ; d'ailleurs, je vais en faire un agrandissement et je te renverrai la photo ensuite, si tu le veux bien ; car je ne possède de cette époque que deux photos ; sur les marches de la cantine de Weckring, une tête nue et **une avec calot.** *1 photo de groupe, près des baraques du coucou, en tenue de campagne, avec casque ; lorsque nous faisions nos classes. J'aurai bien voulu en avoir une du coucou, mais tu te souviens à l'époque, c'était interdit de prendre des photos de l'ouvrage.*

Te souviens-tu de FRAHANT le chtimi qui était un peu dingue, mais pas méchant ? lorsque nous sommes arrivés au Stalag VII A à Moosburg, près de Munich en Bavière, il a été enfermé et je pense qu'il a été libéré peu de temps après, comme dingue ; pauvre vieux !

Je t'envoie mon C.V., cela m'évitera de me répéter sur le sujet de mes années de captivités."

Fait à Boissy-Saint-Léger, le 20 février 1980

DORIZE Roger

Correspondance de M. PANOSSIAN Albert :

"Mon cher Roger,

Ce petit mot avec les photos promises un peu en retard, mais je suis tellement fainéant pour écrire, enfin, je ferais mieux la prochaine fois.

J'espère que ta santé, et celle de ta femme vont bien et que toute ta famille aussi. Pour toi, la retraite doit commencer à approcher. Je te la souhaite heureuse.

En ce qui nous concerne, ma femme et moi, toujours le même train-train ! Avec un an de plus à chaque 365 jours. Enfin, ne nous plaignons pas, il fait un temps splendide et on se promène beaucoup. Car tant que je pourrais tenir un volant, je serai un homme heureux.

Actuellement, ma femme est en train de passer son permis de conduire. Tous les jours, nous faisons 30Km dans la nature, plus les leçons, elle a déjà son code ! Je crois que cette fois, elle aura son permis.

Mon cher copain, je termine car j'ai comme je te le dis plus haut, le flegme d'écrire. Mais par contre, j'attends de toi un petit mot qui me fera plaisir à moi et ma femme.

Avec les respects à ta femme, reçois de ton vieux copain, des fraternels baisers."

Albert

Correspondance de M. PANOSSIAN Albert (Suite) :

"...

Excuse aussi mon écriture, la pensée dépasse la plume.

Mais comme tu le dis si bien aussi, lorsque j'ai voulu mettre mon nez dans une organisation de prisonniers, je me suis aperçu que tous ces mecs étaient dans la généralité, des combinards et une bande de salaud.

Alors, tu comprends que pour une fois que je suis allé à un banquet de prisonnier par 70Frcs par tête de pipe et en plus c'était dégueulasse. J'ai juré de ne plus mettre mes pieds là-dedans, ou je leur aurai dit leur 4 vérités.

Même pour les gars de Rawa, il y en a peut-être des bons mais dans l'ensemble, c'est la combine. Pour avoir ma carte d'interné résistant, j'ai simplement adressé mon dossier, rue de Bercy, aux anciens combattants et de là, ils m'ont envoyé directement ma carte d'interné, avec ce que j'avais droit et un tas de paperasse.

Si tu ne l'avais pas fait, renseigne-toi au bureau qui s'occupe de ça, rue de Bercy, ou porte-le toi-même, tu seras sûr d'avoir ta carte car les gars de Rawa, Boulevard de Strasbourg à Paris, vont te piquer de l'argent et ne s'occuper de rien.

C'est lorsque j'ai compris que je me suis adressé directement au bon dieu.

Mon cher Roger, je te quitte en t'envoyant mes fraternels baisers.

Que tu sois bientôt à la retraite, crois-moi, on profite mieux de la vie, que lorsque l'on travaille. Dès l'instant que tu as de quoi vivre, le pognon ! c'est zéro, il faut aussi le principal : la santé !

L'ours que tu vois sur la carte, j'ai failli l'attraper par la queue mais il a eu peur. Je compte sur toi pour me donner un coup de main (tu vois, le moral est revenu)

Mes respects à ta femme. Ma femme vous envoie également par ma plume, c'est amitiés sincères."

Albert

Correspondance de M. DORIZE Roger, à M. SANCEAU Prosper :

"Cher camarade,

Peut-être seras-tu surpris de recevoir cette lettre, mais ton adresse m'a été communiqué par MAIGRIE André, qui habite le Kremlin-Bicêtre dans le 94.

Je recherche les camarades qui étaient prisonnier au commando de breton Bataillon 27, à Herne en Westphalie e n1941, puis à Brüx, en Tchécoslovaquie en 1942, où il y avait l'Adjudant-chef GREGOIRE, le Caporal-chef MONTFORT et JOSSE aux cuisines, PEUVERNE et HERBIN.

Étant donné que j'ai perdu mes carnets de notes à la suite de mon évasion, le 16 Avril 1942, je serai très content de retrouver des camarades de cette époque, aussi je compte sur toi pour me communiquer quelques adresses.

D'autre part, j'espère que tu te portes bien, ainsi que ta famille et souhaite un jour te rencontrer.

En attendant ce jour, je te prie Cher Camarade, d'accepter, mes meilleurs souvenirs et ma sincère amitié."

DORIZE Roger

Correspondance de M. TAILLÉ Albert, Louis :

"Mon cher Roger,

J'ai été agréablement surpris de recevoir une lettre de ta part après tant d'année, en fin c'est ce qui prouve en un certain cas, que le temps ne compte pas.

Comme tu le dis, je suis en retraite dans le midi. Tu vois "Le vieux" comme tu disais et bien, il est au soleil, avec ma femme bien entendu, car nous avons juste une fille mais ils sont, elle et son mari, à Biarritz ; lui, il est commandant d'aérodrome (civile). Je suis également grand-père d'une petite fille et d'un petit fils de 20 et 17 ans (...)

Dans ta lettre, tu me parles de DUCHEMIN, à la libération, je l'ai revu 8 jours ou j'avais été chez lui en Normandie et ensuite, nous nous sommes perdus de vue. Nous n'avions pas la même optique.

Je suis heureux également que tu te sois fait ta place au soleil et heureux avec ta femme et tes enfants. Tu aurais fait un bon flic pour remonter la filière qui t'a amené.

Enfin, je peux dire que ta lettre ma fait beaucoup de plaisirs. Au sujet de ton attestation, je te l'envoi dans la forme où elle doit être écrite car moi-même, j'ai fait toute ces démarches. J'ai ma carte "A ceux de Rawa, j'ai aussi la carte d'interné résistant et droit au port de la médaille. D'ailleurs, j'en ai 5 médailles. Le tout m'a rapporté (150frs nouveau) que le ministre des anciens combattants m'a envoyé, pour solde de tout compte. Je m'y suis pris trop tard, de toute façon, je m'en fous, nous avons de quoi vivre et pour le reste, j'ai toujours été très négligeant.

Mon cher Roger, je vais terminer, d'ailleurs je t'écrirais une autre lettre avec plein de détails. Mais de toute façon, si tu *viens dans le midi, je t'expliquerai la marche à suivre pour nous nous trouver et tu seras, toi et ta famille, les bienvenues. Reçoit de ton vieux camarade Albert, mes amitiés les meilleurs ainsi que celles de ma femme."*

TAILLÉ Albert

"P.S. : Roger, j'ai légalisé mon attestation à la mairie de LaTour Bas-Elne car nous sommes des gens bien ! Il n'y à aucune police, et pas de gendarmerie de toutes façons. Toutes les attestations que j'ai eu c'est à dire, 2 de types internés avec moi et 2 qui ont assisté à mon évasion, aucune n'a été légalisée et elles ont été valable.

De toute façon, comme je te marque le n° de ma carte d'interné, il n'y aura aucun problème. Toutefois, s'il y en avait un, écrit moi et je te ferais légaliser quand tu me le demanderas.

Je me répète, ma carte internée obtenue le 18/12/1971. N°12.01.31507, quai de Bercy. Carte de "Ceux de Rawa-Ruska, 26 Bld de Strasbourg, Paris Xe.

Excuse mon écriture mais :

ICH BIN HALT, ICH HABE 66ans1/2

ICH WARTES VON DU EINE BRIEF !

WIEL GUTTEN KUSSEN, ALSO !"

Correspondance de M. DORIZE Roger, à Dr SEILLIER :

"Cher Docteur,

Dans "l'Envole" n° 163 de Septembre-Octobre 1978, à la rubrique "Recherches", j'y ai lu que vous étiez un ancien médecin de Rawa-Ruska et de Lemberg. Comme par hasard, je suis inscrit dans la rubrique "mariage" du même numéro où j'ai eu le plaisir de marier une de mes filles avec un fils de commandant d'artillerie.

Ceci dit cher Docteur, je n'ai pas eu la chance, si chance il y avait, lorsque j'étais à Rawa-Ruska et à Lemberg, de faire partie des convois qui rentraient en France, au titre de D.U.

Au mois de Mai 1942, je suis arrivé à Rawa-Ruska et par la suite, envoyé à Tarnopol (Ukraine), pour nettoyer un camp d'officiers Russes qui avaient été exterminés, le camp 307. Il y régnait une puanteur épouvantable, les corps ayant été enterrés à même la terre, il fallait boucher les trous et abattre les baraques, pour qu'il ne subsiste aucunes traces des atrocités que les S.S. avaient pu y faire.

A cette époque, j'ai attrapé une pleurésie, ainsi qu'une dysenterie amibienne. J'ai pris un coup de baïonnette dans la cuisse, pour refus d'obéissance, constaté par le Docteur de Tarnopol et par des camarades. Je suis pensionné pour la pleurésie.

Par la suite, j'ai été envoyé à Lvow Lemberg et à Biala-Podleska (Pologne), camp disciplinaire dépendant de Rawa-Ruska, ceci d'octobre à fin décembre 1942. Faisant toujours de la dysenterie, j'ai été très bien soigné par un docteur qui était de Rawa et Lemberg, je ne me souviens plus de son nom, peut-être était-ce vous ?

Ayant maintenant 60ans, j'aurai besoin pour ma retraite d'un certificat attestant que j'ai été soigné dans ce camp disciplinaire.

Depuis, j'ai gardé les intestins fragiles. En avril 1945, au centre de Réforme de Paris, ils m'ont fait des radio intestinales et analyses, mais je n'ai jamais connu les résultats. En avril 1945, il y avait tellement de rapatriés que les examens se faisaient à la chaine.

J'ai signalé au major, ma blessure à la cuisse et l'éclat que j'avais reçu dans le tibia droit, il m'a répondu que ce n'était pas grave ; maintenant, il y a des périodes où la cicatrice s'ouvre et je suis obligé de rester alité. Celle-ci est constamment bandée ; je pense que cela s'est transformé en ulcère.

Avec mes remerciements, cher Docteur, recevez les sincères salutations d'un évadé."

DORIZE Roger

Correspondance de M. DORIZE Roger, à M. MAIGNÉ André :

"Bien Cher camarade,

Je fus agréablement surpris en recevant ton aimable lettre, ce dont je te remercie.

Aussi, en réponse à ta demande de renseignements concernant mon évasion de Brüx, voici les faits.

Je m'étais évadé une première fois du Stalag VII A, peu de temps avant mon envoi en Kommando à Herne ; pour celle-ci, j'ai mes témoignages depuis longtemps. Celle qui nous intéresse actuellement, c'est celle que j'ai tenté le 16 avril 1942.

Ce jour-là, il y a eu 7 évasions individuelles, au chantier, gardé militairement ; les autres je ne les connaissais pas, je ne savais même pas qu'il y avait eu d'autres tentatives que la mienne, car tu sais très bien mon cher André que ces choses-là, on ne va pas le crier partout, étant donné qu'il y a toujours un petit malin pour te dénoncer !

J'ai donc quitté ce chantier avec un pantalon de golf et un chandail civil, que j'avais gardé en dessous de ma combinaison bleu K.F. En passant à côté de la sentinelle qui gardait l'entrée, je lui ai offert une cigarette et en échange, je lui ai demandé du feu, comme l'aurait fait un civil français qui travaillait là-bas. Je lui ai simplement dit : Es ist schlechtes wetter? Was?, il m'a répondu "ya wohl mensch !" et je suis sortie sans me retourner ; bien su, je n'étais pas rassuré mais je ne voulais pas éveillé sa méfiance.

Enfin, je suis arrivé au camp civil, et c'est là que j'ai retrouvé les autres. Il y avait deux gars qui travaillaient comme tailleur au camp de Brüx ; l'un était de Vitry-sur-Seine et travaillait à la mairie. Je me suis renseigné, parait-il qu'il soit mort, il s'appelait RAFFINAUD, à l'époque il avait environ 35ans.

Les gars qui devaient nous faire prendre le train s'appelaient BORELLI et MONTSEIGNEUR ; moyennant finance, les autres ont payés, moi, je n'ai pas marché ; j'ai dit que je paierai à l'arrivée !

Nous avons pris le train jusqu'à Dresden, pour chercher deux françaises, dans une cantine de S.S. Les 2 compères ont été chercher les tickets, mais ils sont revenus en disant que nous étions signalés, qu'il fallait que l'on se débrouille. Malheureusement, à Leipzig, il a fallu se séparer, moi, je suis rentré dans un bistrot tenu par une petite vielle ; j'étais avec les deux filles, car elles n'avaient pas voulu partir avec les autres, ceux-ci étant par trop désemparés et ne savaient plus quoi faire.

Je suis sortie de la ville et comme je ne me débrouillais pas trop mal en allemand, je suis entré dans une gare de banlieue. J'ai demandé "Drei fahrscheinen au drei fahrkarten für Franckfürt auf mein", mais le préposé à pris le téléphone et a appelé la feldgendarmerie, qui m'ont incarcéré à la prison de Leipzig ; là, ils m'ont pris "mes mesures", j'ai un dossier là-bas, je pense, si cela n'a pas été détruit par les russes.

Puis, j'ai retrouvé tous les autres, aucuns n'étaient passés à travers le filet ! nous avons été ramenés à Brüx, mis séparément au "secret" (en isolement). Ensuite, j'ai été présenté à notre compagnie et l'adjudant allemand a dit que je partais dans un camp de représailles à Rawa-Ruska. Tu parles, j'avais 21ans, je n'en avais rien à faire. J'ai même dit aux copains qui étaient en face de moi : "Si vous vous évadez, ne passez pas par Leipzig, c'est une souricière." Et cela, je l'ai dit devant les allemands !

Envoyé à Teplitz, puis à Mülhberg, à la baraque des culottes rouges. J'ai fait des exhibitions de boxe, j'avais déjà

5ans de boxe derrière moi, ayant fait les championnats militaires avec un nommé FRUGERIO, champion des Ardennes et un légionnaire.

Les colis de ma marraine de guerre, la comtesse Coubert de Cléry Gérard m'avaient été supprimés, alors les copainsde la baraque m'ont donné des biscuits et quelques conserves, car j'étais tellement faible que lorsque je me levais de mon "lit", je voyais tout noir et je tombais par terre ; d'ailleurs, tu as surement connu cela toi aussi !

Puis au début Juin 1942, départ pour Rawa-Ruska, là-bas re-départ pour Tarnopol en Ukraine ; je reçois un coup de baïonnette dans la cuisse, pour refus d'obéissance, ensuite j'attrape une Brustentzündünd (pleurésie).

Bref, après un transit à Lvow - Lemberg, à 130km de Varsovie, départ pour Biala-Podleska, toujours en Kommando disciplinaires dépendant de Rawa-Ruska.

Retour en Allemagne en décembre 1942 à Furstenberg puis à Küstrin, Stalag III C, où il y avait un Kommando disciplinaire spécial.

Enfin, le temps passe, je pars pour faire des tranchées entre les allemands et les russes à la droite de l'Oder. Nous sacrifiés ; les russes nous tirent dessus avec leurs orgues de Staline et leurs mortiers de 88. Nous sommes gardés par des S.S., sa barde tellement que l'on ne voit plus devant nous, que de la poussière ! Moi je me sauve, les autres en font autant ; les S.S. aussi, d'ailleurs.

Je reçois un petit éclat dans le tibia droit et mon ceinturon est coupé par un autre éclat de shrapnell ; bilan, 2 gardiens Tod et quelques français légèrement blessés.

Je profite de la confusion pour me sauver plein Ouest, ayant gardé ma boussole ! Enfin, après pas mal de mésaventures, une nuit, je tombe chez les ricains c'était fini !

Quand je te dirais que je suis pensionné de guerre, je t'aurai tout dit.

J'ai fait passer une annonce dans la rubrique "recherche", qui paraitra en septembre dans l'amicale des camps du Stalag VII A "Le Lieu", puis dans "L'évadé", pour septembre aussi, dans l'espoir de retrouver des copains de Herne ; si j'ai des nouvelles, je te tiendrais au courant !

Samedi 9 septembre, j'ai vu le président des Évadés, secteur Est, Albert PANOSSIAN, c'est un copain. Lui, a été parachuté sur la France ; il a été pris puis torturé, mais il a réussi à s'évader ; il à d'ailleurs, la légion d'honneur.

Étant venu me voir samedi, juste quand je recevais ta lettre, il m'a dit "Dit à ton copain, toi en l'occurrence" qu'il te l'envoie cette attestation, puisque vous étiez dans le même camp ; c'est simplement une formalité et il ne risque rien, d'ailleurs, c'est moi qui fais passer et qui approuve les demandes des dossiers car il y a cession le 18 Septembre et j'en profiterai pour passer ton dossier, car tu es en retard.

Aussi, mon cher camarade, voit ce que tu peux faire pour moi, car je ne te cacherais pas que je commence à m'inquiéter, étant donné qu'il va bientôt avoir forclusions.

En attendant de pouvoir te serrer bien sincèrement la main, Reçois mon amical pensée et mon meilleur souvenir.

DORIZE Roger

P.S. : à Herne, j'ai fait 15 jours de prison civil pour refus de travail, en septembre 1941. D'autre part, je te réitère que je suis partie avant toi de Brüx, j'étais le 1er qui partais de notre compagnie. Bien sûr, tu as fait mieux que moi, puisque tu as réussi et je t'en félicite.

DORIZE Roger
né le 28 Juin 1918 à Nantes (Loire Atlantique)
Chef d'Entreprise
Marié depuis 1945
9 Enfants
Habitant Boissy-St-Léger, 60, rue de Sucy, depuis 1945

Grand Invalide de Guerre
Corps-Francs, Combattant d'Elite
ex-prisonnier de Guerre Evadé, Interné-Résistant,
Déporté au Camp de la Mort de Rawa-Ruska
(Ukraine)
Croix des Combattants Volontaires de la Résistance,
Médaille des Internés-Résistants
Military Order des U.S.A.
Croix d'Officier de l'Union Nationale des Anciens
Combattants alliés 1939-1945, en tant qu'Evadé
de Guerre, Résistant-Déporté
Croix du Combattant 39-45
Croix des Partisans 39-45
Médaille des Evadés 39-45
Médaille Commémorative avec Glaive de Rawa-Ruska 1942
Médaille de la Résistance
Médaille des Combattants d'Europe
Médaille Commémorative 39-45
Médaille Commémorative de la ligne Maginot

Fait à Boissy-St-Léger le 01-02-1983

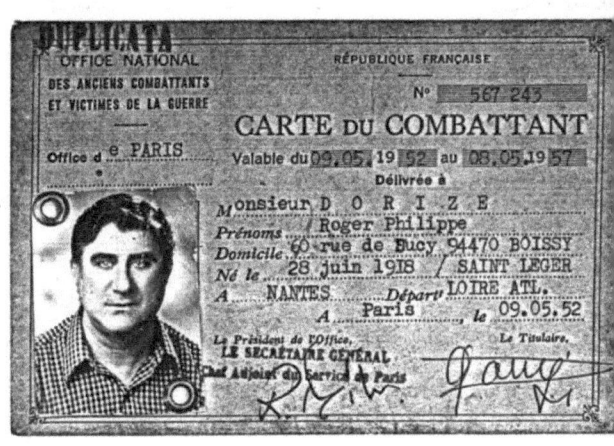

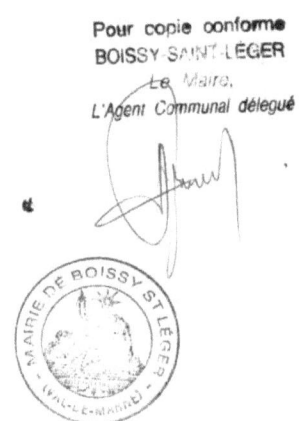
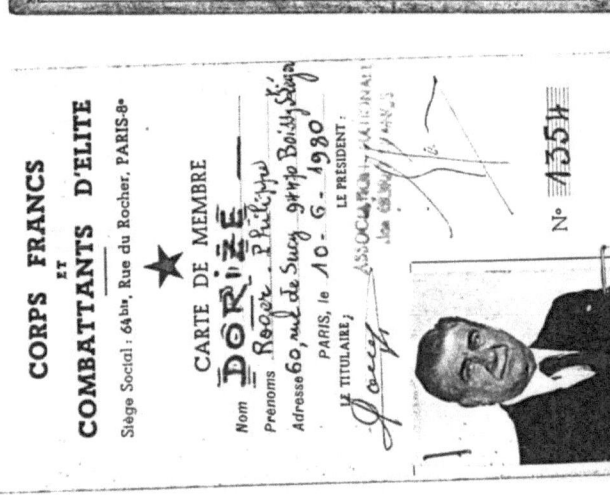

AVIS AU PENSIONNAIRE

RÉCLAMATIONS

Pour les réclamations ou demandes d'explications concernant :
- la liquidation de la pension, s'adresser à la Direction Interdépartementale du Ministère des Anciens Combattants et Victimes Guerre du domicile;
- le payement des arrérages : s'adresser à la Trésorerie Générale assignataire.

Pour faciliter les recherches, elles devront comporter les renseignements ci-après :
a. réclamations concernant la liquidation de la pension : nom, prénoms, date et lieu de naissance du pensionné, numéro du dossier;
b. réclamations concernant le payement de la pension : nom, prénoms, date et lieu de naissance du pensionné, nature et numéro d'inscription de la pension.

Doivent également être immédiatement notifiés au comptable-payeur : les changements d'adresse, les changements d'état civil.

PAYEMENT

La présente pension est payable, par trimestre, aux dates indiquées à la page 1 du brevet. Elle a été liquidée d'après [...] en vigueur à la date de son entrée en jouissance. Le montant en sera automatiquement porté au taux résultant des rajustements [...] és par les lois postérieures à la date susvisée.

PRESCRIPTION DES ARRÉRAGES

Les pensions sont rayées des registres du Trésor après un an de non-réclamation, sans que leur rétablissement donne lieu à aucun [...] el d'arrérages antérieurs à la réclamation.

La même déchéance est applicable aux héritiers et ayants cause des pensionnaires qui n'auront pas produit la justification de leurs [...] ts dans l'année qui suit la date du décès de leur auteur (art. 85 de la loi du 28 février 1933).

CUMUL

Les pensions concédées conformément au Code des Pensions militaires d'invalidité et des Victimes de la guerre sont cumulables, [...] limite, avec tous traitements civils d'activité.

Elles ne sont cumulables avec les soldes militaires que si elles sont fixées au taux alloué à un soldat atteint de la même invalidité [...] 2 de la loi du 30 avril 1920).

INCESSIBILITÉ ET INSAISISSABILITÉ

Les pensions sont incessibles et insaisissables, excepté dans les cas prévus par les articles 105 et 106 du Code des Pensions mili [...] es d'invalidité et des Victimes de la guerre.

PÉNALITÉS

Quiconque aura touché ou tenté de toucher les arrérages d'une pension de l'État dont il n'est pas titulaire ou pour l'encaissement [...] aquelle il n'a pas une procuration du véritable titulaire ou un mandat légal, quiconque aura fait une fausse déclaration pour obtenir [...] oncession ou le payement d'une pension, sera puni d'un emprisonnement de deux ans au moins et de cinq ans au plus et d'une [...] ande qui ne pourra excéder le montant des arrérages d'une année, ni être inférieure à 12.000 francs, le tout sans préjudice du [...] boursement des arrérages indûment touchés et de l'action civile des intéressés et sans préjudice, soit de peines plus graves en cas [...] aux ou d'autres crimes prévus et punis par les lois en vigueur, soit de la perte de la pension édictée par la loi du 15 mai 1818 [...] cas de fausse déclaration relativement au cumul.

Si le coupable est un fonctionnaire ou un officier public en activité de service au moment où la fraude a été commise, ou un [...] ployé travaillant dans les bureaux d'un comptable public, d'un notaire ou d'une mairie, la peine sera celle de la réclusion, sans préju[...] e de l'amende.

Les coupables pourront, en outre, être privés des droits mentionnés à l'article 42 du Code Pénal du jour où ils auront subi leur [...] ne. Les dispositions de l'article 463 du Code Pénal seront applicables (art. 5 de la loi du 5 septembre 1919).

Je, soussigné [...]

certifie avoir apposé sur le présent brevet, après m'être assuré qu'elle était bien la sienne, la photographie de M. Dorize Roger titulaire de la présente majoration * représentant légal du titulaire * désigné au recto de la présente majoration.

En foi de quoi, j'ai apposé le cachet de mon service (1) sur la photographie ci-contre et signé le présent procès-verbal.

, le

Signature :

Rayer les mentions inutiles.
L'empreinte doit porter partie sur la photographie, partie sur le brevet.

MINISTERE DE LA DEFENSE

DIRECTION DU PERSONNEL MILITAIRE DE L'ARMEE DE TERRE

BUREAU RESISTANCE

Modèle 315/024 - (m)

CERTIFICAT DE VALIDATION
DES SERVICES, CAMPAGNES ET BLESSURES
DES DÉPORTÉS ET INTERNÉS DE LA RÉSISTANCE

Référence I.M. n° 2397
SEFAG/CAB/EMP
du 3-2-1950

N° **67.633** DEF/PMAT/RES

NOM : **DORIZE** PRÉNOMS : **Roger, Philippe**
Né le **28 juin 1918** à **Nantes (Loire Atlantique)**
Bureau de recrutement : **3° Bureau Seine** Classe **1938** N° Mⁱᵉ de recrutement **1276**
~~Déporté ou~~ interné de la résistance (1). Carte n° **1.2.01.33308**
Interné du **22.6.1942** au **25.10.1942** ~~déporté du~~
~~Rapatrié ou libéré le~~ (1) ~~Décédé ou disparu le~~

Le grade d'assimilation attribué à l'intéressé pour la période **d'internement** en vue de la liquidation de ses droits est :

LE GRADE RÉEL **Caporal**

SERVICE MILITAIRE ACTIF

Est comptée comme service militaire actif dans la zone de combat et dans une unité combattante la période

du /// au ///

Est comptée comme service militaire actif la période du **22 juin 1942** au **25 octobre 1942**

CAMPAGNE 1939-1945

~~Déporté résistant~~, interné résistant (1)

Déporté résistant du /// au ///
soit // ans, // mois, // jours de campagne double.
Interné résistant du **22 juin 1942** au **25 octobre 1942**
soit **00** ans, **04** mois, **04** jours de campagne simple.

Blessures de guerre :

Déporté résistant assimilé à un blessé de guerre.
Considéré comme blessé le ///
Déporté résistant blessé de guerre (blessures réelles) :
Blessé //, le //, le //, soit : /// BLESSURE.

Paris, le **15 SEP. 1980**

Destinataire (2) :
- Monsieur DORIZE Roger
  60, rue de Sucy
  94470 BOISSY SAINT LEGER

- Ex. "C" : B.S.S.N. CHARTRES.

Pour le Ministre de la Défense
et par délégation
Le Sous-Directeur

Signé : B. GILLES

RT. 1667 - DPMAT - 76

(1) Rayer les mentions inutiles.
(2) Nom, prénoms et adresse complète.

RÉPUBLIQUE FRANÇAISE   MINISTERE DE LA DEFENSE

Décret n° 81-845 du 8 septembre 1981 (*J.O.* du 13 septembre 1981)

N° d'inscription

88.934

CROIX
DU COMBATTANT VOLONTAIRE
AVEC BARRETTE " GUERRE 1939-1945 "

Par décision n° 3063 en date du 20 juillet 1983

la Croix du Combattant Volontaire avec barrette « Guerre 1939-1945 » est attribuée à :

Monsieur DORIZE Roger, Philippe

Né le 28 juin 1918 à NANTES (Loire Atlantique)

A PARIS, le 20 juillet 1983

Pour copie conforme
BOISSY-SAINT-LÉGER
Le Maire,
L'Agent Communal délégué

Le Ministre de la Défense

Signé : Charles HERNU

POUR AMPLIATION
Le Chef du Bureau des Décorations

J.P. GROSSO
Administrateur Civil

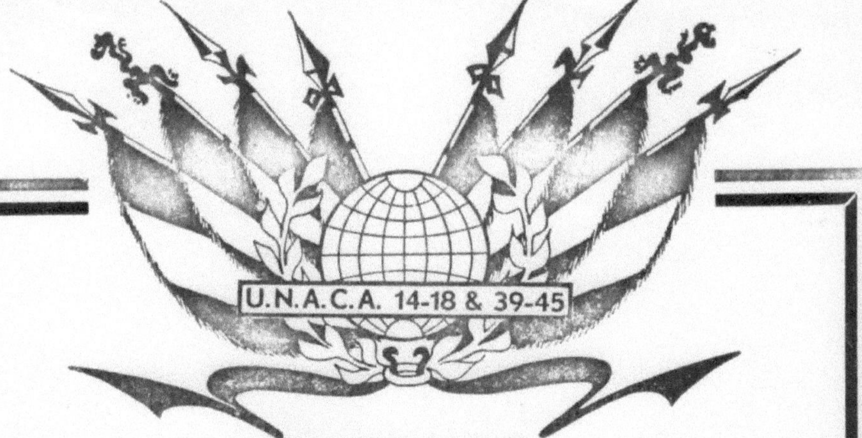
U.N.A.C.A. 14-18 & 39-45

Union Nationale des

Anciens Combattants Alliés 1914-1918 et 1939-1945

DIPLÔME D'HONNEUR

La Croix d'Officier *du Mérite Combattant Allié*

est décernée à Mr DORIZE Roger

en date du 20 mai 1978 *par le Conseil Supérieur des Récompenses pour Services Rendus pendant la Guerre 1914-1918 ou 1939-1945 en tant que* Evadé de Guerre Résistant déporté

POUR LE COMITÉ SUPÉRIEUR :

UNION DES ANCIENS COMBATTANTS ALLIÉS – Le Président National

Le Président National

Wittener

UNION DES ANCIENS COMBATTANTS ALLIÉS – Le Secrétaire Général

Le Secrétaire Général

UNION DES ANCIENS COMBATTANTS ALLIÉS – Le Vice-Président

Le Vice-Président National

S. Winterbeck

UNION DES ANCIENS COMBATTANTS ALLIÉS – Le Grand Chancelier

Le Grand Chancelier

Darmenet

Copie certifiée conforme à l'original

... DE POISSY ...

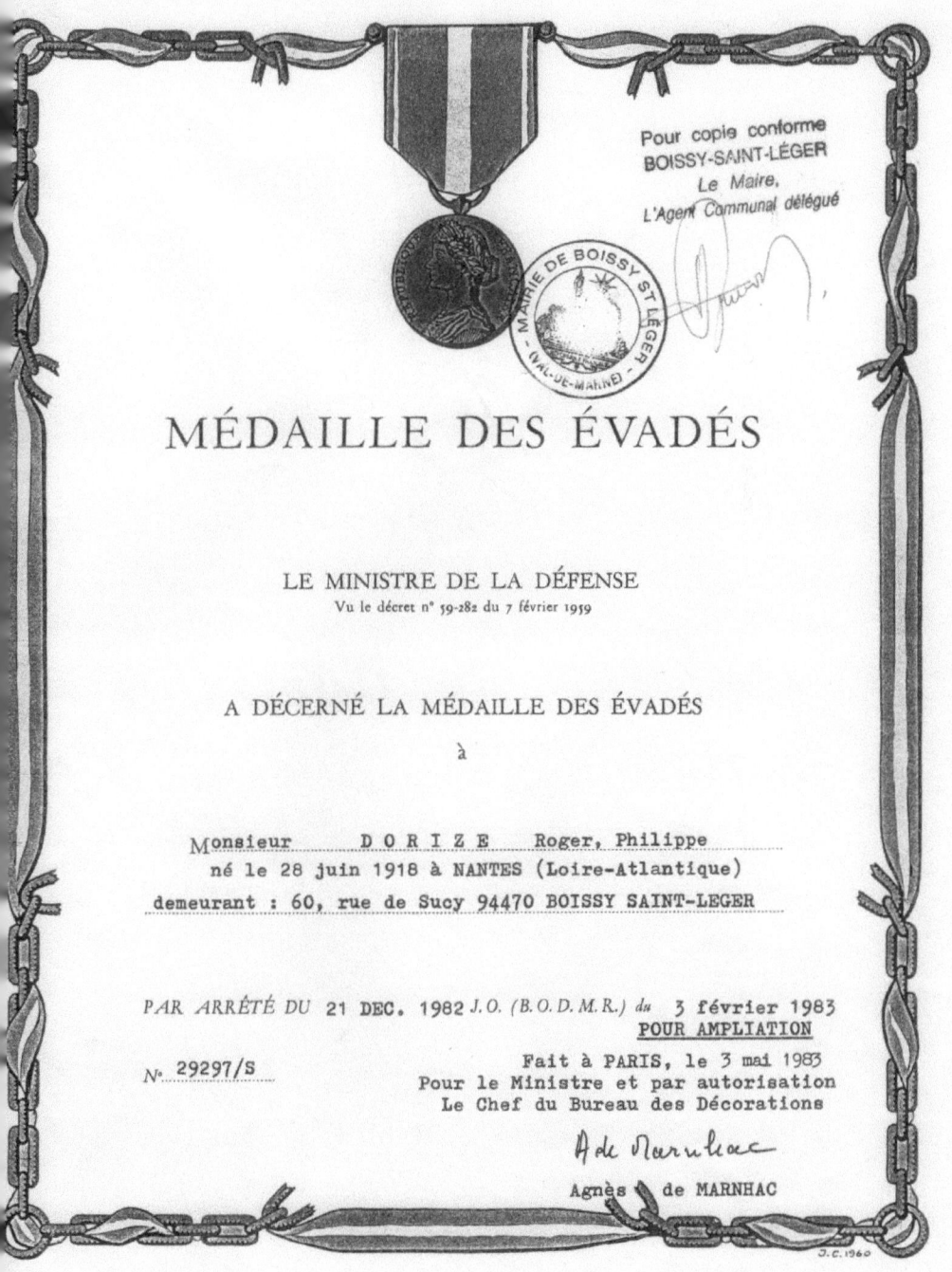

FÉDÉRATION DES COMBATTANTS ALLIÉS EN EUROPE

DÉCRET-LOI DU 6 NOVEMBRE 1920

N° 82

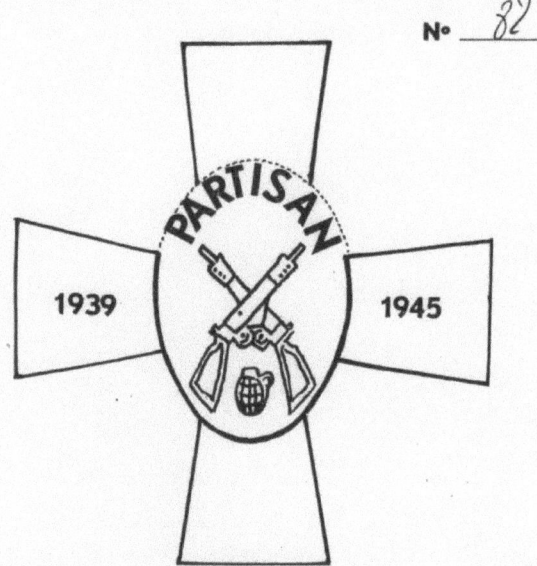

La Croix de Partisan

décernée à Monsieur Dorize Roger

Pour la lutte dans la clandestinité contre l'occupant,

Le 4 Mars 1981

Le Grand-Chancelier et Président du Conseil

Présidents d'Honneur :
Général DANIEL-ZDROJEWSKI
Général COLIN GUBBINS

1939-1945

MÉDAILLE
COMMÉMORATIVE
DE
RAWA-RUSKA
1942

DES COMBATS A LA RÉSISTANCE ENVERS INTERNEMENTS ET DÉPORTATION

TOUJOURS PRÉSENT DANS LA CROISADE POUR LA LIBERTÉ ET LA VICTOIRE

Décernée   avec Glaive

à Roger DORIZE
60, Rue du Succy
94470 Boissy St Léger

Pour l'Union Nationale
des Déportés
de
RAWA-RUSKA

La Commission
d'attribution :   Le Président :

Paris, le 19-10-81

Au Livre d'Or sous N°

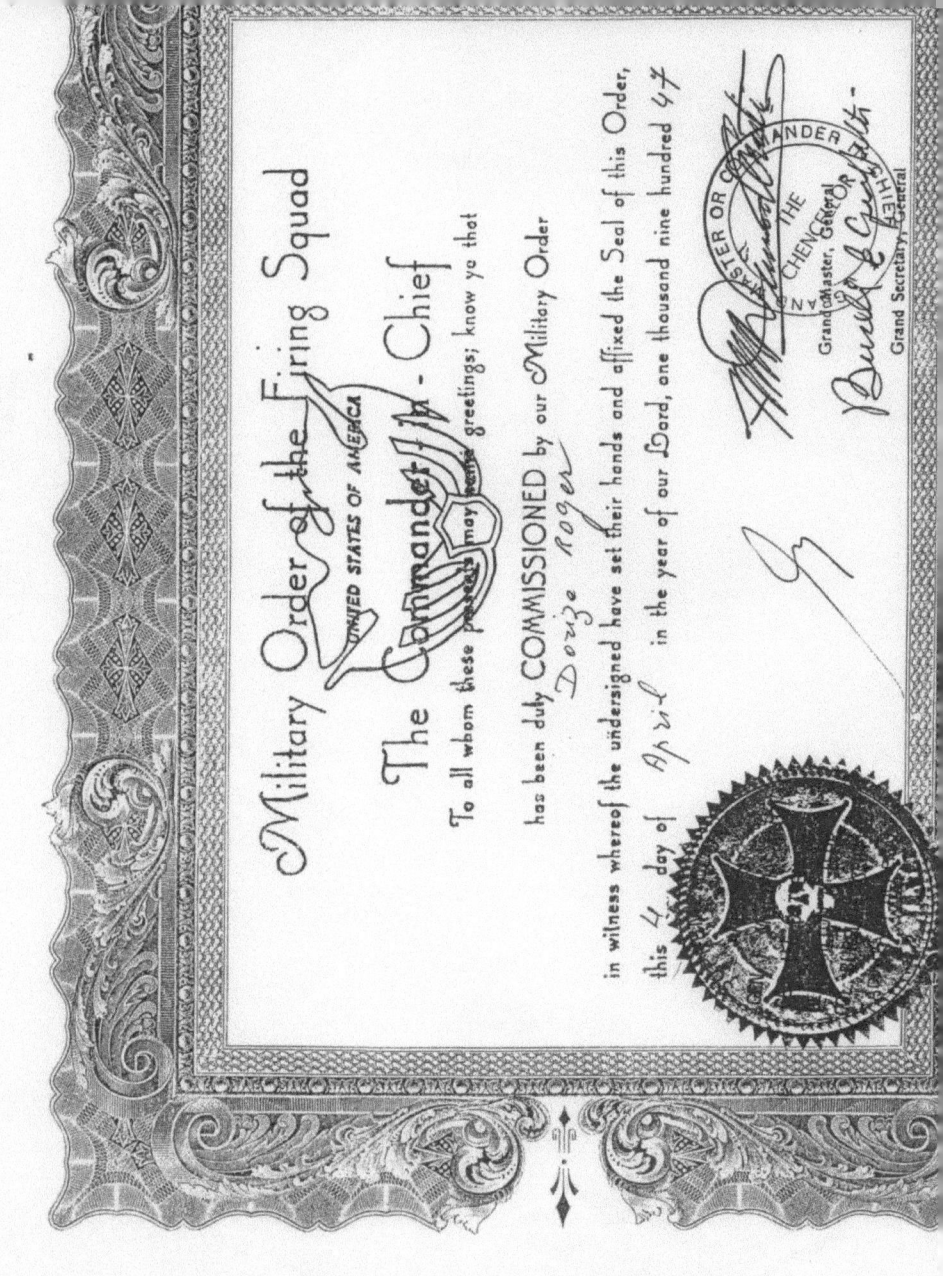

POSTFACE

Face à l'effet parc d'attraction

C'est en devoir de mémoire que j'écris ce livre et que je vous fais part de ce que mon grand-père à vécu durant la guerre. Il ne nous en parlait quasiment jamais et pourtant, au vu de ses nombreuses notes retrouvées longtemps après, je suis triste que tout cela ne se trouve pas dans un musée. Je me sens devenir un obligé qui se doit de transmettre sa mémoire et ses récits, laissés à l'abandon par mes propres parents et ma famille.

Quand je relis les notes et que je regarde tout ce qu'il nous a laissé, je suis conscient que ma tâche se doit d'être rigoureuse et précise, même si c'est un exercice auquel je n'ai jamais eu à faire. Je suis dans cette position où, quel qu'en soit le résultat, je me dois de faire de mon mieux.

C'est donc comme cela, en écrivant ce livre, à ma manière, que je lui rends hommage. Mais cette manière de faire est-elle la bonne ou diffère-t-elle des commémorations et des célébrations qui nous entourent et qui se doivent être respectueuses et cohérentes avec notre histoire ? L'honnêteté du récit que j'apporte, la cohérence avec la vérité historique des évènements, la représentation des acteurs et le respect de leurs aventures...

Si je me pose la question, c'est qu'en tant que descendant d'évadés de guerre, mon but est de conserver la mémoire de mon aïeul et de la transmettre de manière pérenne et respectueuse. Cela n'a rien à voir avec une idéologie politique, ou une revendication à un quelconque groupuscule militaire. Non, je le fais uniquement pour que l'on puisse comprendre ce que ces pauvres ont vécus et que cela puisse être rappelé au monde.

Cette manière respectueuse, je l'ai senti au fur et à mesure que je lisais ou recopiait les notes de mon grand-père et de ses camarades de misère, mais aussi dans les lettres et les correspondances de ces infortunés soldats qui se parlaient entre eux. Hélas, c'est aussi en même temps, que je lisais les correspondances de M. PANOSSIAN à mon grand-père, que l'idée du profit sur le dos des anciens combattant commença à germer dans mon esprit.

Je parle bien cette façon peu scrupuleuse de s'approprier les faits héroïques et historiques et de squatter les associations d'anciens combattants pour s'y créer un curriculum militaire complètement imaginaire, de ces "résistants de la nouvelle heures" factices. Pensant que ce genre de comportement ne se limiterait qu'à ces d'institutions, normalement réglementé, je me consolais en espérant qu'un matin, ces faussaires allaient se faire prendre.

Pire encore, c'est en visitant récemment les plages de Normandie que je me suis rendu compte que tous, nous n'avions pas les mêmes intérêts ni même ce genre de propos, ni les mêmes intentions vis à vis de ces évènements historique. Qu'un décalage flagrant eût lieu : Sur les actions présumées historiques et leurs exacts vérités, sur le respect des évènements du débarquement, ainsi que sur la ferveur contemporaine, sachant pertinemment que tout cela n'était fait que pour attirer les clients en manque de sensations et d'idéologies malsaines. Ce décalage résulte de ce profit fait par certains, Mairies et/ou commerçants, à soutirer des aides de l'état et s'attribuer les rentes d'un tourisme lucratif surfant sur les évènements historiques de 1944.

Mais la volonté de certaines à entretenir de fausses mémoires, comme s'attribuer un glorieux rôle alors que son histoire ne le justifie pas, d'accentuer un simple fait durant une opération militaire (exemple : un parachutiste coincé en haut d'une église) devient un évènement politique majeur, une démonstration historique de l'aide qu'elles ont faites aux boys venus nous délivrer, ... Tout cela en devient ridiculement faux et grossier. Et donc, c'est cela, que j'appelle "l'effet parc d'attraction".

A la base, un parc d'attraction crée un univers (ou utilise un univers créé) et attire les populations pour les transformer en visiteurs et leur faire vivre des sensations (fortes ou non). Là, c'est devenu pareil : Un évènement historique majeur qui se devait être un rappel historique sur entraide des nations contre une atrocité humaine se retrouve être transformé en parc à touriste. Ou comment des perfides sans scrupules, s'octroient de vendre de la pseudo-culture et de l'histoire dont ils ne sont ni les garants ni les représentants.

Et je me revois, effaré par l'incroyable fête donné par les mairies pour vendre encore plus de "marchandisage" de mauvais goût (de répliques d'armes et de fusils en passant par des photos d'archives tombés dans le domaine publique à des prix indécents, ou des "résultats de fouilles" non autorisés...).

Moi, en plein milieu d'une place de ville, vide de sens et pourtant noire de monde, les locaux contemporains qui s'autoproclamaient libérateurs historiques avec leurs pauvres affiches retraçant les grandes heures de la résistance françaises des environs (gonflant les chiffres et brodant sur les faits) et des concerts de musiques n'aillant aucun rapport avec l'évènement (80ans du débarquement, alors musique des années 80 ???).

Sous le prétexte d'une liesse patriotique qui ravive les émois historiques avec ce que tout cela comporte. Que ces marchands du temple se permettent de vendre encore plus d'idoles en toc et de faux souvenirs de patriotes et de combattants ; Alors que la meilleure manière de faire, avec dignité et décence, serait qu'on les laisse se reposer en paix, où bien, qu'on les honore convenablement. Seuls, les musées ou autres expositions, ainsi que les plages et les routes balisées, donnent le sentiment d'être respectueux et nous permettent de nous "projeter" à l'époque de nos héros de guerre et de ce que ces malheureux ont vécus. Car oui, je trouve que nos ancêtres sont des malheureux pour avoir connu de telles tragédies.

C'est ce sentiment qui m'anime depuis longtemps sur notre histoire et celle de nos aïeux, où quand une commémoration devient le prétexte de comportement douteux (pécuniaire et/ou idéologique).

Les régions ont voulu nous rappeler l'histoire de nos grands hommes, les évènements qui ont façonnés notre horizon et les contextes qui ont impliqués notre entourage en devenant notre perception actuelle du monde. Malgré cela, nombreux sont ceux qui profitent de l'occasion pour alimenter un "business du drame" qui s'est joué durant les deux guerres mondiales.

Alors, cela est ma façon de faire, de rédiger ce livre que j'espère être le plus respectueux au possible, pour nos grand-papys à tous, en écrivant ces dernières lignes qui clôtureront un épisode de ma vie avec eux :

Merci à mon papy (et à ma mamie bien sûr) d'avoir été là et d'avoir été présent dans notre famille. Merci à eux, à toute ma famille, mais aussi tous les autres, vivant ou non, contemporains ou anciens, de nous avoir éduqués, appris, donnés leurs vies pour nous ; D'avoir pu nous transmettre leurs histoires et leurs doutes, leurs peurs et leurs joies, pour que l'on se rappelle et que l'on n'oublie jamais.

FIN

Sources photos/illustrations

Page 24 - https://www.republicain-lorrain.fr/actualite/2015/04/04/je-m-offrirai-un-blockhaus-de-la-ligne-maginot-aux-encheres

Page 36 - http://www.moosburg.org/info/stalag/luftbilder.html

Page 41 - https://gallica.bnf.fr/ark:/12148/bpt6k57437783/f24.item

Page 73 - https://www.facebook.com/photo/?fbid=1356007261258782&set=p.1356007261258782&locale=da_DK

Page 98 - https://www.vrid-memorial.com/rawa-ruska-le-refus/

Sources historiques et géographiques

https://fr.wikipedia.org/ *Wikipédia, l'encyclopédie libre.*

Droits d'auteurs
Les documents présentés dans ce livre appartiennent à la collection privée de la famille ERDMANN : tous originaux et/ou photocopies certifiés par la mairie, les attestations des anciens combattants et déportés, les photos personnelles ainsi que les correspondances entre DORIZE Roger Philippe et ses camarades.

Mais aussi, le récit historique complet de DORIZE Roger Philippe ; ses lettres manuscrites, ses documents, diverses cartes et informations personnelles.

Toutes reproductions ou citations sont strictement interdites sans l'accord préalable de l'auteur du livre.